Gianluca Caccamo

Redes sociais virtuais e inovação aberta: questionando a RBV

Gianluca Caccamo

Redes sociais virtuais e inovação aberta: questionando a RBV

Este artigo discute o papel das redes na troca e disseminação de conhecimento Útil para empresas líderes em inovação

ScienciaScripts

Imprint
Any brand names and product names mentioned in this book are subject to trademark, brand or patent protection and are trademarks or registered trademarks of their respective holders. The use of brand names, product names, common names, trade names, product descriptions etc. even without a particular marking in this work is in no way to be construed to mean that such names may be regarded as unrestricted in respect of trademark and brand protection legislation and could thus be used by anyone.

Cover image: www.ingimage.com

Este livro é uma tradução do original publicado sob ISBN 978-3-8443-1802-9.

Publisher:
Sciencia Scripts
is a trademark of
Dodo Books Indian Ocean Ltd., member of the OmniScriptum S.R.L Publishing group
str. A.Russo 15, of. 61, Chisinau-2068, Republic of Moldova Europe
Printed at: see last page
ISBN: 978-620-2-93518-0

Graças a:

Família para apoio moral constante.

Professor por aceitar a minha ideia de projecto.

Um par de amigos por terem sugerido importantes ideias.

Conhecimentos para a participação no inquérito.

Web para acesso aberto a inúmeras ideias e informações.

Universidade Bocconi para o ensino do método científico e da disciplina.

Web Guide Partner e antigos colegas para introdução ao tema.

A mim mesmo.

ÍNDICE

ABSTRACT

Actualmente, a comunidade de software é pioneira nas mudanças que surgem na nossa sociedade desde a transformação da economia industrial à economia informacional. A filosofia de fonte aberta aponta o caminho para as inovações decorrentes da adopção de novos modelos de distribuição de know-how e de exploração do capital intelectual. Tendo dominado em grande medida os desafios produtivos do nosso ambiente físico, vemo-nos confrontados com as oportunidades de um ambiente virtual, onde milhares de milhões de indivíduos ligados se encontram para fazer prosume e partilhar informação. O interesse crescente na gestão do conhecimento levou a que se prestasse maior atenção à análise das redes sociais como ferramenta para cartografar a estrutura e natureza da informação partilhada. No entanto, apesar da natureza de conhecimento intensivo da visão baseada em recursos (RBV), as análises de redes sociais da função de I&D continuam a ser relativamente raras. Este documento discute o papel das redes no desenvolvimento, intercâmbio e disseminação do conhecimento explorável pelas empresas em busca de inovação. É apresentado um estudo empírico que utiliza a análise de redes sociais para dar evidência a modelos teóricos. Isto tem em conta tanto as variáveis estáticas como dinâmicas das redes, e debate os factores motivadores por detrás do empenho dos membros nas redes sociais. As implicações para o mundo empresarial são claras: as empresas têm de repensar a abordagem tradicional à inovação, revendo o seu modelo à criação de conhecimento, e aprender a alavancar sabiamente o capital intelectual em rede e a comoditização do tempo livre. A investigação futura apela à redefinição do regime de propriedade intelectual existente, a fim de melhor recompensar a invenção individual e encorajar a abertura.

INTRODUÇÃO

*"To find something comparable, you have to go back 500 years to the printing press
e o nascimento dos meios de comunicação social... A tecnologia está a desviar o poder
dos editores,
os editores, o estabelecimento, a elite dos meios de comunicação social. Agora são as
pessoas que estão a assumir o controlo".*

(Rupert Murdoch, citado em Wired, Julho de 2006)

Today, the software community pioneers the changes arising in our society in the passage from industrial to informational economy. Open source points the way to innovations arising from the shift from financial to knowledge-based capital. Owners of human and intellectual capital are growing in power as financiers did in postera industrial. O talento e o conhecimento são bens de capital que representam uma capacidade produtiva caracterizada por características únicas que não se enquadram nos nossos modelos de gestão estabelecidos para o capital financeiro e físico. Na nossa actual evolução económica, a placa industrial está a mergulhar sob a nova massa terrestre de informação onde a Internet desempenha o papel de grande catalisador. Os monopólios do conhecimento da economia industrial estão a quebrar-se rapidamente e os países do G8 já não podem esperar monopolizar a investigação científica avançada. Entretanto, o conceito de propriedade intelectual (PI) está a ser reinventado na era da informação e as pistas mais evidentes podem ser encontradas no mundo do software de código aberto com os seus modelos emergentes de distribuição e licenciamento de know-how. Actualmente, tendo dominado largamente os desafios produtivos do nosso ambiente físico, vemo-nos confrontados com as oportunidades do ambiente cerebral, um mundo cada vez mais virtual de conhecimento, meios de comunicação e entretenimento; um mundo, cingido por informação envolvendo milhares de milhões de indivíduos ligados; um mundo onde qualquer pessoa pode ligar e jogar e onde a colaboração entre diversas entidades é o modus operandi do dia: este é o mundo da "wikinomics" O futuro, portanto, reside na colaboração além fronteiras, culturas, empresas e disciplinas, uma vez que a Internet fornece uma infra-estrutura global para a criatividade, participação, partilha, e auto-organização. A produção de pares está a emergir como um modelo alternativo de produção que pode aproveitar as capacidades humanas, o engenho e a inteligência de forma mais eficiente e eficaz do que as empresas hierárquicas tradicionais. Tratar este fenómeno emergente como uma curiosidade ou moda transitória é um erro, em vez disso revela um novo modo de produção que leva a inovação e a criação de riqueza a novos níveis. 2006 foi o ano em que a Web programável (i.e. Web 2.0) eclipsou sempre a Web estática (i.e. Web 1.0). Flickr bate Webshots; Wikipedia bate Britannica e Myspace bate Friendster. Qual foi a diferença? A Web 1.0 lançou sítios Web, enquanto que a Web 2.0 lançou comunidades vibrantes. Os antigos jardins murados construídos. O segundo construiu praças públicas. O primeiro inovou internamente. O segundo inovou com os seus utilizadores. Ainda assim, os primeiros guardaram ciosamente as suas interfaces de dados e software. Os segundos partilhavam-nas com todos.

A Web 2.0 é uma experiência social maciça, e como qualquer experiência que vale a pena experimentar pode falhar, mas revela uma oportunidade de construir um novo tipo de entendimento internacional, não de político para político, de grande homem para grande homem, mas de cidadão para cidadão, de pessoa para pessoa. A capacidade de reunir o conhecimento de milhões de utilizadores de uma forma auto-organizadora demonstra como a colaboração em massa está a transformar a web em algo não completamente diferente de um cérebro global. Na economia da colaboração, a verdadeira vantagem do sourcing global são as infinitas possibilidades de crescimento, inovação e diversidade. Entretanto, o aprofundamento do processo de globalização aumentará a necessidade de os líderes da b-web agirem globalmente.

A principal questão deste trabalho é oferecer um quadro abrangente a uma realidade dinâmica por natureza que evolui continuamente à medida que a informação flui através de redes virtuais gerando constantemente novos conhecimentos e ideias inovadoras. Sendo um fenómeno emergente devido aos desenvolvimentos da Web 2.0, a riqueza de dados em bruto é esmagadora, enquanto que a literatura classificada é bastante carente ou subdesenvolvida, dadas as evidentes dificuldades de abstracção. As referências teóricas têm de ser cuidadosamente pesquisadas e seleccionadas utilizando critérios específicos de relevância e pertinência para o tema. A este respeito, a aranha de[1] diversas fontes de dados e teorias serviu para inferir informação sensível útil para a análise em discussão. A conceptualização da rede social constitui um antecedente necessário para explicar o surgimento da rede virtual e a forma como esta pode conduzir a caminhos inovadores em muitas indústrias. Após ter discutido a abordagem tradicional à análise de redes sociais, o documento descreve a nova filosofia adoptada pelas comunidades de fonte aberta e de produção de pares, que afecta a forma tradicional de gerir os direitos de propriedade intelectual (PI), e *"a lei dos custos transaccionais de Coase, como* o principal motor económico para a emergência de comunidades virtuais colaborativas. Confiando no blog oficial de Chris Anderson e na *visão da* Wikinomics, descrevemos regras, mecanismos e valores que permitem o florescimento de uma comunidade. Para este fim, é interessante notar a adopção de um sistema de governação ascendente que é radicalmente o oposto ao sistema descendente da empresa, uma relação *livre de agência em* oposição ao dilema principal-agente das empresas e um processo optimizador de auto-selecção para realizar tarefas específicas da comunidade. Na secção de Conclusões, oferecemos a nossa avaliação sobre quais os mecanismos de governação que as empresas devem seguir para se sintonizarem com as comunidades e como evitar o desperdício da confiança dos membros.

The same companies, today, are more and more questioning their usefulness and if and how they can create value. To answer this issue, we propose a communitymodelo cêntrico que ultrapassa a visão tradicional da personalização e oferece provas do valor que está a ser gerado pelas comunidades. Referimo-nos a ele como o "modelo de prosumption", tal como cunhado por Toffler em 1980, mais desenvolvido por Tapscott em 1995 e assumindo relevância académica com uma colecção de trabalhos que vão sob o nome de Cluetrain *Manifesto em 1999.* Este tipo de análise envolveu o estudo de condutores motivacionais que encorajam os indivíduos a juntarem-se a uma comunidade e a dedicarem o seu tempo e talento à actividade de networking. Isto serviu-nos para introduzir a teoria de Anderson sobre os *ciclos* livres de pessoas *e a agência gratuita.*

At this point, paper shifts on the topic of knowledge and innovation generation, de-

---

[1] A analogia é feita com o algoritmo "aranha" do motor de busca Google para recuperar e exibir resultados orgânicos e informações relevantes.

construindo todo o processo. Primeiro damos uma definição teórica do conhecimento e uma classificação sistemática dos seus diferentes tipos, e depois analisamos ferramentas informáticas e tipos de relações que permitem a comunicação e troca de informação dentro da rede. A estrutura social da rede é objecto de uma análise aprofundada: deste ponto de vista, analisamos processos sociais através dos quais os indivíduos exploram diversas fontes de conhecimento e geram ideias inovadoras, dando ênfase à *capacidade de absorção* individual, que é uma abordagem bastante singular à análise padrão de redes sociais. Seguindo esta perspectiva, analisamos os benefícios informativos resultantes, que podem ser locais ou globais para a rede, sugerimos implicações da presença de *buracos estruturais* na heterogeneidade da informação e inferimos conclusões sobre a capacidade de inovação individual.

Confiando no quadro descrito, o que consideramos perspicaz e teoricamente inovador é o surgimento de um novo ecossistema de inovação, onde vendedores e compradores de inovação se encontram virtualmente para comercializar propriedade intelectual (PI), ideias e recursos de know-how: estes mercados virtuais são definidos como *Ebays de inovação ou Ideagoras* e o seu surgimento está a afectar a forma como as empresas pensam as actividades tradicionais de I&D para abraçar um *modo de inovação* aberto, que ultrapassa as fronteiras das empresas tradicionais. Nestas premissas, na secção Conclusões, depois de recordarmos os princípios de longa data da Visão Baseada em Recursos (RBV), passamos a questionar a sua validade num contexto aberto de partilha de conhecimento. Do mesmo modo, delineamos as desvantagens associadas às Ideagoras em fase inicial, onde a *"liquidez" das* tecnologias *comercializáveis* é ainda escassa por razões evidentes.

O artigo está estruturado da seguinte forma: após uma extensa revisão bibliográfica, detalhando as referidas teorias e as suas implicações para os profissionais, explicamos o padrão metodológico adoptado para a investigação empírica, os seus desafios de exequibilidade e os limites que surgiram. Neste ponto, relatamos os dados recolhidos através de um questionário ad hoc, dividindo as respostas em duas secções principais e obtendo os principais resultados em gráficos e tabelas apropriadas. Aqui comparamos novamente os dados com os resultados encontrados por uma investigação Forrester de 2007 sobre o mesmo tópico, para apoiar os nossos. A próxima secção relata os nossos resultados, que podem ser resumidos em duas categorias: um resultado de primeira classe inclui resultados teóricos de última geração inferidos por um mero raciocínio lógico a partir de um dado quadro teórico. Uma segunda classe de resultados resulta da comparação entre as provas empíricas e a teoria fornecida. As conclusões resumem as melhorias trazidas pelo nosso trabalho tanto para estudiosos como para profissionais, e a nossa opinião sobre o que deve ser mais investigado pela investigação futura.

1. REVISÃO BIBLIOGRÁFICA

1.1   Comunidades virtuais: compreender raison-d'etre e os fundamentos

1.1.1 Marcos conceptuais: Teoria da Rede Social

As redes podem ser definidas como um conjunto específico de ligações entre um conjunto definido de actores, nomeadamente organizações ou indivíduos (Mitchell, 1969; Alba, 1982; Lincoln, 1982), e permitem uma coordenação e integração heterogénea de conhecimentos em conjuntos ambientais caracterizados pela complexidade, elevada incerteza e numerosas fontes de conhecimento. Os investigadores ligaram o uso de redes à aprendizagem e ao desenvolvimento de processos empresariais (Pages e Garmise, 2001; Elfring e Hulsink, 2003), inovação e vantagem competitiva (Cooke, 1996; Littunen,2000; Rogers, 2002); criação de valor (Holm et al., 1999), e crescimento e sobrevivência (Bruderl e Preisendorfer, 1998; Havnes e Senneseth, 2001; Bosma et al., 2004). Uma rede social é uma estrutura social feita de indivíduos ou organizações que estão ligados por um ou mais tipos específicos de interdependência, tais como valores, visões, ideias, intercâmbio financeiro, amizade, parentesco, antipatia, conflito ou comércio. As estruturas baseadas em gráficos resultantes são muitas vezes muito complexas de visualizar. A análise de redes sociais vê as relações sociais em termos de *nós* e *laços*. Os nós são os actores individuais dentro das redes, e os laços são as relações entre os actores. Pode haver muitos tipos de laços entre os nós e, na sua forma mais simples, uma rede social é um mapa de todos os laços relevantes entre os nós em estudo. Pesquisas em vários campos académicos demonstraram que as redes sociais operam a muitos níveis, desde as famílias até ao nível das nações, e desempenham um papel crítico na determinação da forma como os problemas são resolvidos, as organizações são geridas, e o grau de sucesso dos indivíduos na realização dos seus objectivos. A rede também pode ser utilizada para determinar o capital social dos actores individuais envolvidos. Há muito tempo que as pessoas utilizam a construção da rede social para conotar conjuntos complexos de relações entre membros de sistemas sociais a todas as escalas, desde interpessoais a internacionais. Em 1954, J. A. Barnes começou a utilizar o termo sistematicamente para designar padrões de laços que atravessam os conceitos tradicionalmente utilizados pelo público e pelos cientistas sociais: grupos limitados (por exemplo, tribos),

famílias) e categorias sociais (por exemplo, género, etnia). A análise de redes sociais passou agora de uma metáfora sugestiva para uma abordagem analítica a um paradigma, com as suas próprias afirmações teóricas, métodos, software de análise de redes sociais e investigadores. Os analistas raciocinam do todo para a parte; da estrutura para a relação com o indivíduo; do comportamento para a atitude. Estudam *redes inteiras* (também conhecidas como *redes completas),* todos os laços contendo relações especificadas numa população definida, ou *redes pessoais* (também conhecidas como *redes egocêntricas),* os laços que as pessoas especificadas têm, tais como as suas "comunidades pessoais". Pesquisas anteriores mostraram que a estrutura global das redes egocêntricas muda de uma rede não planeada para uma rede planeada e, finalmente, estruturada (Lorenzoni e Ornati, 1988; Lorenzoni e Baden-Fuller, 1995). Várias tendências analíticas distinguem a análise de redes sociais. Em vez de tratar os indivíduos (pessoas, organizações, estados) como unidades discretas de análise, a investigação deslocou-se para se concentrar na forma como a estrutura dos laços afecta os indivíduos e as suas relações. A forma de uma rede social ajuda também a determinar a utilidade de uma rede para os seus indivíduos [2]. This social network analysis stems from its difference from traditional social scientific studies, which assume that it is the attributes of individual actors— whether they are friendly or unfriendly, smart or dumb, etc.—that matter. This social network analysis produces an alternative view, where the attributes of individuals are less important than their relationships and ties with other actors within the network. This approach has turned out to be useful for explaining many real-world phenomena, but leaves less room for individual agency, the ability for individuals to influence their success and to play as source of innovations and knowledge activists, because so much of it rests within the structure of their network. Social

---

[2] Estas questões serão discutidas mais aprofundadamente no parágrafo "Estrutura social da rede virtual e conhecimento independente: como conduzem à inovação".

networks have also been used to examine how organizations interact with each other, characterizing the many informal connections that link executives together, as well as associations   and connections   entre empregados individuais em diferentes organizations. For example, power within organizations often comes mais do grau em que um indivíduo dentro de uma rede está no centro de muitas relações do que o verdadeiro título de emprego. As redes sociais também desempenham um papel fundamental na contratação, no sucesso empresarial, e no desempenho profissional. As redes fornecem formas de as empresas recolherem informações, dissuadir a concorrência e conspirar na fixação de preços ou políticas. A difusão da teoria da inovação explora as redes sociais e o seu papel em influenciar a difusão de novas ideias e práticas. Deste ponto de vista, os agentes de mudança e os líderes de opinião, e não a estrutura social, desempenham frequentemente papéis importantes no estímulo à adopção de inovações, embora os factores inerentes às inovações também desempenhem um papel. O *pequeno fenómeno mundial* é demasiado uma hipótese de que a cadeia de conhecidos sociais necessária para ligar uma pessoa arbitrária a outra pessoa arbitrária em qualquer parte do mundo é geralmente curta. O conceito deu origem à famosa frase seis graus de separação, após uma pequena experiência mundial de 1967 do psicólogo Stanley Milgram [3] . O comprimento médio das cadeias bem-sucedidas acabou por ser de cerca de cinco intermediários ou seis etapas de separação (a maioria das cadeias nesse estudo na realidade não foram completadas). Os métodos (e a ética também) da experiência de Milgram foram mais tarde questionados e algumas pesquisas posteriores para replicar as descobertas de Milgram tinham descoberto que os graus de ligação necessários poderiam ser mais elevados. Os investigadores académicos continuam a explorar este fenómeno, uma vez que a tecnologia de comunicação baseada na Internet suplementou as antigas ferramentas de comunicação (sistemas telefónicos e postais) disponíveis durante a época de Milgram.

---

[3] Na experiência de Milgram, foi pedido a uma amostra de indivíduos norte-americanos que alcançassem uma determinada pessoa-alvo, passando uma mensagem ao longo de uma cadeia de conhecidos.

1.1.2 A emergência de comunidades de conhecimento: filosofia de fonte aberta e teoria dos "custos transacionais de Coase

The virtual network emergence can occur only if there are some specific characteristics: nomeadamente, condições de altas oportunidades vistas como científicas e taco tecnológico para a inovação; adequação, pretendida como a possibilidade de beneficiar de incentivos económicos decorrentes da actividade inovadora; e finalmente plataformas tecnológicas abertas que podem ascender ao centro gravitacional e a um laboratório permanente de novas ideias, sendo capazes de ultrapassar os limites do espaço e do tempo. Se as características acima mencionadas não se manifestassem, a tendência seria a de interiorizar todo o processo de criação do conhecimento. Além disso, é mais provável que se crie uma rede quando a base de conhecimento das actividades inovadoras é complexa e provém de diferentes fontes.

Neste documento, a atenção será centrada na rede virtual pretendida em termos de rede de conhecimento, a fim de realçar o papel fundamental que o conhecimento desempenha nela: por um lado, o conhecimento, de facto, ou melhor, a sua exploração, pode ser visto como a principal razão pela qual uma rede é gerada, enquanto por outro lado, também pode ser visto como o produto dessa mesma rede, resultando na produção de inovações. Uma rede de conhecimento deve ser considerada como uma estrutura social dinâmica entre os actores do conhecimento e a sua arquitectura inclui instrumentos de informação e comunicação utilizados nas relações sociais para permitir e melhorar o trabalho em rede do conhecimento. Como Burt (1997, p. 357) observou, "*o conteúdo da rede raramente é uma variável nos estudos*". A rede agregada pode ser vista como um conjunto sobreposto de redes de diferentes conteúdos transaccionais. Fombrun (1982, p.280) sugeriu que a única estratégia conceptualmente significativa de análise consiste em distinguir cada rede pelo seu conteúdo, e analisá-la separadamente. Em particular, o foco está naquelas formas de redes virtuais emergentes, que aceleram o processo de criação de conhecimento, tendo-as abraçado uma filosofia totalmente nova, bastante insuspeita e divergente dos princípios da ciência empresarial de maximização do lucro e das relações comitente-agente. Este novo paradigma tem origem na sub-cultura da comunidade de software livre e assenta em princípios como a colaboração, "produção por pares" e "[4]fonte aberta" e em novos modelos [5]de exploração da Propriedade Intelectual (PI) . Abraçar o código aberto significa de facto abraçar novos modelos mentais e novas formas de conceptualização da criação de valor (Tapscott e Williams, 2008).

Na sua forma mais pura, a produção de pares, pode ser definida como uma forma de produzir bens e serviços que depende inteiramente de comunidades auto-organizadas e igualitárias de indivíduos que se reúnem voluntariamente para produzir um resultado partilhado. A comunidade de fonte aberta ocupa a encruzilhada das duas correntes de novidade: primeiro, envolve agentes livres auto-organizadores[6] [7]como a sua força de

---

[4] A produção de pares é uma nova forma de produzir bens e serviços que depende de comunidades auto-organizadoras de indivíduos que se juntam para produzir um resultado partilhado. Nestas comunidades, os esforços de um grande número de pessoas são coordenados criando projectos significativos. Exemplos comuns são a Wikipédia, uma enciclopédia em linha e o Linux, um sistema operativo de computadores.

[5] O código aberto é uma abordagem à concepção, desenvolvimento e distribuição que oferece acessibilidade prática à fonte de um produto (bens e conhecimentos). O termo *open source* ganhou popularidade com o crescimento da Internet, que proporcionou o acesso a diversos modelos de produção, caminhos de comunicação e comunidades interactivas.

[6] Nos negócios, um agente livre refere-se a alguém que trabalha independentemente para si próprio, e não para um único empregador. Estes incluem trabalhadores independentes, empreiteiros independentes e trabalhadores temporários, que no seu conjunto representam cerca de 22% da força de trabalho dos EUA. Acredita-se que o termo agente livre tenha sido cunhado por Daniel Pink, autor de uma história de capa de 1997 intitulada "Free Agent Nation". Em 2001 Pink publicou um livro com o mesmo nome.

[7] Coase argumenta que produzir um bem envolve passos em que uma estreita cooperação e um propósito comum são essenciais para produzir um produto útil. Na prática quotidiana, não era prático decompor o fabrico e outros processos empresariais numa série de transacções negociadas separadamente, uma vez que incorreriam em custos que ultrapassariam quaisquer poupanças obtidas através de pressões competitivas. Em primeiro lugar, haveria custos de pesquisa, tais como encontrar diferentes fornecedores e determinar se os seus bens eram apropriados. Em segundo lugar, haveria custos de contratação, tais como a negociação do preço e condições contratuais. Em terceiro lugar, haveria custos de coordenação para a mistura dos diferentes produtos e processos. E o resultado foi que a maioria das empresas concluíram que fazia mais sentido desempenhar o maior número possível de funções internamente. Tudo isto leva uma empresa a tender a expandir-se até que os custos de organizar uma transacção extra dentro da empresa se tornem iguais aos custos de realizar a mesma transacção no mercado aberto. Mas se for mais barato ir ao mercado, não o tente fazer internamente.

trabalho, mobilizando capital humano. A combinação de várias tendências no local de trabalho - incluindo ciclos de trabalho reduzidos, o aumento do trabalho em projectos, a aceitação de um novo estilo de vida e a emergência da Internet e de outras tecnologias - aponta para que os agentes livres se tornem mais uma norma de emprego nos próximos anos. Em segundo lugar, o código aberto baseia-se no custo muito baixo da reutilização e distribuição de código de software, mobilizando capital intelectual (Goldman R., e Gabriel R. P., 2005). Cada vez mais, as antigas empresas hierárquicas estão a virar-se para modelos colaborativos de auto-organização empresarial-web onde massas de consumidores, empregados, fornecedores, parceiros comerciais, e mesmo concorrentes co-criam valor na ausência de controlo directo da gestão.

De um ponto de vista estritamente económico, isto está a acontecer devido ao custo decrescente da colaboração. A lei "Custos de transacção" da Coase oferece uma explicação adequada para esta realidade emergente no seu artigo intitulado "A natureza da empresa" (1937)8. Esta lei permanece hoje em dia tão válida como sempre, mas a Internet fez com que os custos de transacção mergulhassem tão acentuadamente que se tornou muito mais útil ler a lei de Coase, com efeito, para trás: os custos de transacção ainda existem, mas agora são frequentemente mais onerosos nas empresas do que no mercado (2008). Para dar um exemplo, as empresas de hoje digitam uma palavra-chave nos motores de busca para uma série de trocas industriais e negociam o preço na web. Se quiserem, podem verificar a fiabilidade de um fornecedor através de serviços analíticos disponíveis online com poucos cliques do rato. A lei Coase, que em tempos forneceu uma explicação tão clara para o desenvolvimento da gigantesca empresa, explica agora porque é que as empresas tradicionais estão a ser postas de lado por um tipo de entidade empresarial inteiramente novo. (Tapscott, p. 56 57). Antes da Internet, teria sido praticamente impossível para tantos grupos díspares de pessoas encontrarem-se uns aos outros, porque os custos de pesquisa teriam sido demasiado elevados, enquanto hoje em dia quase não existem.

1.1.3 Elementos funcionais, mecanismos de governação e medição de resultados

Quando se trata de comunidades virtuais, a complexidade é inegavelmente uma questão de facto. As regras incontestáveis de uma comunidade padrão - ninguém a possui, todos a utilizam e qualquer pessoa pode melhorá-la - podem ser potencialmente a fonte de inovação sem fim, mas são igualmente uma fonte de frustração sem fim para os gestores de TI que lidam com a complexidade resultante, uma vez que há demasiadas escolhas a fazer e opções a escolher (2008).

As comunidades Web têm a sua origem num *terreno* consistente *de software* que permite a conectividade e o trabalho colaborativo entre os utilizadores da Internet. A colaboração é assim concebida para o software a partir do zero, uma vez que os programadores começam por pensar em como este irá interoperar com diferentes padrões espalhados pela Web [8](2008).

Segundo os autores Tapscott e Williams, o sistema funciona melhor quando estão presentes pelo menos três condições: 1) o objecto de produção é a informação ou cultura, o que mantém o custo de participação e distribuição baixo para os contribuidores; 2) as tarefas podem ser divididas em peças de tamanho reduzido que os indivíduos podem contribuir em pequenos incrementos e independentemente de outros produtores. Isto torna o seu investimento global de tempo e energia mínimo em relação aos benefícios que recebem em troca; e, finalmente 3) os custos de integração dessas peças no produto final acabado são baixos.

[9]Esta descrição genérica, embora importante, carece de um quadro completo de análise e de uma visão profunda dos mecanismos internos de trabalho, requerendo, portanto, apoio adicional. O blog de Anderson publica que a escala comunitária é um aspecto importante a considerar: redes sociais, afirma, vivem e morrem em massa crítica. "Quero estar onde todos os outros estão" é um forte estímulo psicológico capaz de alavancar um movimento de massa, seja uma comunidade em linha nascente, uma moda temporária

---

[8] Ver *mashup,* uma aplicação web que combina dados e normas de mais de uma fonte numa única ferramenta integrada. O termo mashup implica uma integração fácil e rápida, frequentemente feita através do acesso a APIs abertas e fontes de dados para produzir resultados que os proprietários de dados não tinham ideia de que podiam ser produzidos.

[9] Chris Anderson é autor do livro *"The long Tail: Why the future of the business is selling less more"* *(2006)* e do blogue http://www.longtail.com

real ou um evento de sucesso, bem conhecido na literatura . Este factor, de qualquer modo, é controverso: se for capaz de ter um impacto exponencial no crescimento de uma comunidade, também pode agir de forma inversa. De facto, a adesão pode cair rapidamente, se uma rede social decidir cobrar subitamente pela subscrição, uma vez que os membros actuais se mudariam para outras comunidades de serviços gratuitos. Este aspecto levanta questões importantes relativas ao planeamento do modelo empresarial da comunidade e a sua sustentabilidade a longo prazo.

O resultado é um sistema que atrai sistematicamente diversos e amplamente dispersos grupos de talentos de indivíduos e se baseia em motivações voluntárias de uma forma única que ajuda a alocar o tempo eficientemente e a atribuir a pessoa certa à tarefa certa[10] de forma mais eficaz do que as empresas tradicionais. A razão reside na *auto-selecção:* de facto, quando as pessoas se auto-seleccionam voluntariamente para tarefas criativas e intensivas em conhecimento, são mais propensas do que os gestores a escolher tarefas para as quais são singularmente qualificadas. Desta forma, as pessoas apenas se auto-seleccionam para fazer projectos onde têm conhecimentos e interesse (2008) e enquanto as comunidades tiverem mecanismos para eliminar contribuições fracas, então as grandes comunidades de pessoas em comunicação constante têm uma maior probabilidade de fazer corresponder as melhores pessoas às tarefas certas do que uma única empresa com um conjunto muito menor de recursos para trabalhar.

In reality, peer production meshes up elements of hierarchy with those of selfselecção e conta com princípios meritocráticos de organização - isto é, os membros mais qualificados e experientes da comunidade proporcionam liderança e ajudam a integrar contribuições auto-seleccionadas da comunidade (2008). A agência livre e outras formas mais auto-organizadas de emprego são cada vez mais populares. Cada redução do tamanho das empresas, off-shoring de emprego e declínio económico ensina mais pessoas a serem agentes livres (Goldman e Gabriel, 2005). But it's not all so linear and straightforward. Communities need to design and implement rules for cooperation, in order to prevent potential free riding and opportunistic behaviours, and figure out ways of motivating and coordinating collective action over long periods of time as well. Wikipedia founder, Jimmy Wales, suggests to thread lightly when it comes to

---

[10] Ver parágrafo sobre "Compreender a motivação para co-criar".

implementing top-down controls, because exerting control too quickly can kill the community spirit. Instead, it's the bottom-up process of improving the site and its processes to keep Wikipedia growing (2008). A rich literature suggests that networks are a particular governance form in which the development of trust plays a major role in influencing resource exchange and costs compared to market coordination or integration of activities (Richardson, 1972; Thorelli, 1986; Powell, 1987, 1990; Larson, 1992; Lorenzoni e Lipparini, 1999). Uma concepção adequada da rede pode também evitar o perigo de as redes se sobre-extenderem e entrarem em colapso sob o seu próprio peso (Yanagida, 1992). A investigação de Tortoriello (2005) também contribuiu para a área mais ampla da gestão do conhecimento no seio das redes, provando como as actividades socialmente coordenadas de aquisição, partilha e combinação de conhecimentos permitem melhorar a capacidade individual de contribuir para a geração de inovações. O que torna, ao invés, a governação comunitária uma tarefa fácil é que estes sistemas apenas levam algumas poucas pessoas a envolver centenas de indivíduos e é tarefa de um proprietário comunitário manter esses poucos o mais entusiasmado e empenhado possível para o cumprimento de um objectivo. Como um blog de confiança sugere[11] "a comunidade é construída sobre o diálogo e poucos têm de fornecer a faísca, fazer a pergunta, responder aos outros e pronto".

Um elemento importante a considerar a nível funcional, que terá grande impacto na disputa sobre a propriedade intelectual, é a adopção cada vez mais frequente do sistema de licenciamento GNU. Nas comunidades de software de código aberto, a propriedade intelectual em software é "licenciada" para uma utilização não-comercial. A produção por pares, de facto, implica que a noção tradicional de direitos de propriedade é invertida: as formas tradicionais de propriedade intelectual conferem o direito de excluir outros da utilização ou distribuição de uma obra criativa; a produção por pares é mais ou menos o oposto. De facto, as comunidades de produtores utilizam tipicamente "*licenças públicas gerais" para garantir aos* utilizadores o direito de partilhar e modificar obras criativas, desde que quaisquer modificações sejam partilhadas com a comunidade. Ao abrir o direito de modificar e distribuir, estas licenças de fonte aberta permitem que um maior número de contribuidores interajam livremente com maiores quantidades de informação em busca de novos projectos e oportunidades de colaboração, impactando assim

---

[11] http://www.whiteboarddiaries.com/

positivamente o número de downloads (2008). Embora o software comercial tenha taxas de licença, tornando assim a propriedade intelectual valiosa em termos de receitas cobradas, o software de código aberto não cobra qualquer taxa de licença e as recompensas pelo capital intelectual fornecido encontram-se na teoria da motivação, mais tarde discutida.

Mesmo que seja possível controlar até certo ponto todos estes mecanismos funcionais e de governação, medir resultados efectivos de uma comunidade não é fácil. Fershtman e Gandal (2008), numa tentativa de fornecer uma ferramenta de medição eficaz, sugeriu que se examinasse o número de vezes que o projecto de uma comunidade foi descarregado. Claramente, esta não é uma medida ideal; no entanto, os descarregamentos são frequentemente utilizados para medir o impacto de artigos e artigos académicos na web.[12] Assim, assumimos que o número de descarregamentos de projectos de código aberto está provavelmente bastante correlacionado com a utilização e o valor.

1.2 Enquadrar o novo paradigma para a criação de valor comunitário: o modelo de prosumption

Os membros de uma rede virtual não são apenas consumidores, são ao mesmo tempo criadores, membros da comunidade e empresários (2008). Enquanto alguns membros podem identificar-se fortemente com a rede e mostrar um elevado nível de cuidado, outros podem estar menos apegados e empenhados na mesma. Além disso, o tipo de membros pode variar substancialmente da posição de cada um. Um membro pode estar no centro da rede ou mais no perímetro, e pode assumir o papel de activista do conhecimento (Von Krogh et al., 1997) ou de patrocinador do conhecimento. No seu livro *Take Today* de 1972, McLuhan e Nevitt sugerem, (p. 4) que, com a tecnologia eléctrica, o consumidor se tornaria um produtor. Ainda assim, no livro de 1980, *A Terceira Onda,*

---

[12] A Rede de Investigação em Ciências Sociais, que reúne uma base de dados online de pesquisas académicas, fornece informações sobre o número de downloads dos artigos, para medir a sua relevância e valor.

o futurologista Toffler, utiliza o termo "prosumer" onde [13] prevê que o papel dos produtores e consumidores começaria a esbater-se e a fundir-se (apesar de o ter descrito no seu livro Future Shock *de 1970*). Toffler imaginava um mercado altamente saturado à medida que a produção em massa de produtos padronizados começava a satisfazer as exigências básicas dos consumidores. Para continuar a aumentar o lucro, as empresas iniciariam um processo de *personalização em massa,* ou seja, a produção em massa de produtos altamente personalizados. No entanto, para atingir um elevado grau de personalização, os consumidores teriam de participar no processo de produção, especialmente na especificação dos requisitos de concepção. No seu livro de 1995 *The Digital Economy,* Tapscott elaborou mais detalhadamente o conceito de "Prosumption" (proconsumpçãoduction). Mais recentemente, *"The Cluetrain Manifesto" observou* [14] que

---

[13] Prosumer é um portmanteau formado pela contratação da palavra profissional ou produtor com a palavra consumidor. O termo assumiu múltiplos significados contraditórios: o sector empresarial vê o prosumer (profissional-consumidor) como um segmento de mercado, enquanto os economistas vêem o prosumer (produtor-consumidor) como tendo uma maior independência em relação à economia principal. Também pode ser pensado como sendo o inverso do consumidor com um papel passivo, denotando um papel activo à medida que o indivíduo se envolve mais no processo.

[14] *O Manifesto Cluetrain* é um conjunto de 95 teses organizadas e apresentadas como um manifesto, ou apelo à acção, para todas as empresas que operam dentro do que se sugere ser um mercado recém-conectado. As ideias apresentadas no âmbito do manifesto visam examinar o impacto da Internet tanto nos mercados (consumidores) como nas organizações. O manifesto foi escrito em 1999 por Rick Levine, Christopher Locke, Doc Searls, e David Weinberger. O termo "cluetrain" deriva da citação: "O comboio das pistas parou ali quatro vezes por dia durante dez anos e nunca chegaram a receber". A posição essencial tomada pelos escritores pode ser resumida da seguinte forma: "Começou uma poderosa conversa global. Através da Internet, as pessoas estão a descobrir e a inventar novas formas de partilhar conhecimentos relevantes com uma velocidade cegante. Como resultado directo, os mercados estão a ficar mais inteligentes - e cada vez mais rápidos do que a maioria das empresas". Fundamental para 'The Cluetrain Manifesto' foi a premissa de que a Internet proporcionou um novo e único fórum de comunicação que acabaria por mudar a natureza da comunicação e do marketing empresarial. Essencialmente, a mudança que é central para este texto é a de quebrar as barreiras empresariais e formar uma conversa entre os que estão dentro e fora de uma empresa - o marketing online seria mais sobre manter conversas com as pessoas do que transmitir meias verdades sobre produtos e serviços. Os autores do manifesto sugeriram que tal mudança ocorreria através de mudanças substanciais e generalizadas na actual interacção entre empresas e consumidores. A comunicação passaria de declarações de missão e meios de marketing destinados a segmentos de consumidores para diálogos ou conversas abertas entre empresas e consumidores. Embora um certo número de empresas tenha visado atingir a personalização do material

"os mercados são conversas" com a nova economia a passar *de* consumidores *passivos* para prosumers activos. Traduzindo estas ideias para se enquadrarem no século XXI, a combinação inicial de Toffler foi largamente suplantada por um segundo par de papéis de embaçamento: o do profissional e o do consumidor. Em particular, os amadores estão a tornar-se cada vez mais exigentes na prossecução dos seus passatempos, subindo frequentemente acima do nível de diletante (um amador, alguém que se dedica a um campo por interesse casual e não como uma profissão ou interesse sério) ao ponto de comandar competências iguais às dos profissionais. Esta inclinação *profissional* do termo prosumer é mais comum na comunidade da fotografia, que é um campo que destaca as tendências dos prosumer.

No entanto, um terceiro significado ou utilização de prosumer está a surgir. Ou seja, os papéis do produtor e do consumidor estão a ser combinados de modo a *excluir* (ou pelo menos a diminuir) o papel do produtor empresarial; assim, em vez de gerarem lucros empresariais mais elevados a partir de produtos de valor acrescentado, os produtores ficariam, na melhor das hipóteses, reduzidos a fornecer produtos de base com menor lucro. As tendências e movimentos identificáveis fora da economia principal, que adoptaram terminologia e técnicas de prosumer, incluem:

- uma abordagem *Do It Yourself* (*Do It Yourself*) como um meio de auto-suficiência

económica;

- utilização de novas tecnologias de criação e distribuição de meios de comunicação para promover meios de comunicação independentes[15]; muitos envolvidos em meios de comunicação independentes rejeitam a cultura de massa gerada pelos meios de comunicação corporativos concentrados.

Tapscott e Williams referem o termo prosumption como a criação de produtos e serviços pelas mesmas pessoas que os utilizarão em última instância. Empresas e indivíduos

---

de marketing ao ponto de ser adaptado a um único indivíduo, em muitos casos, este continua a ser um diálogo de sentido único que é a antítese do que os autores propõem como o ideal. No entanto - há uma inegável mudança marítima a ocorrer com empresas que estão a começar a estender a mão e a pedir para participar em conversações.

[15] Ver em Indymedia

estão cada vez mais a utilizar e a envolver os utilizadores finais para desenvolver produtos e serviços finais. Em alguns casos, os utilizadores finais estão a criar produtos por conta própria, sem a interferência ou assistência de terceiros (isto é, empresas, organizações, etc.).

Embora muitos reconheçam agora o significado deste desenvolvimento, a maioria ainda confunde "prosumption" com "customization", onde as empresas decidem quais são os elementos básicos e os clientes podem modificar certos elementos. A velha ideia de cocriação do cliente era simples: colaborar com os seus clientes para criar e personalizar bens, serviços e experiências; ouvir os seus clientes e realizar concursos de design - basicamente qualquer coisa que faça com que os seus clientes mais fiéis e empenhados partilhem o seu capital intelectual gratuitamente. Esta é a velha visão da cocriação, centrada na empresa. No novo modelo de presunção, o consumidor co-inova e co-produz os produtos que consome. Por outras palavras, os clientes fazem mais do que personalizar ou personalizar os seus produtos; eles podem auto-organizar-se para criar os seus próprios produtos. Apenas formam as suas próprias comunidades de consumidores profissionais online, onde partilham informações relacionadas com os produtos, colaboram em projectos customizados, participam no comércio e trocam dicas, ferramentas e até mesmo hacks de produtos. Ao aprender como aproveitar uma comunidade de prosumer para obter vantagens competitivas, a Linden Labs, originadora do Second Life, estabeleceu o padrão para a inovação dos clientes em todas as indústrias. De facto, os residentes[16] criam praticamente tudo, desde montras virtuais e discotecas a vestuário, veículos e outros artigos para utilização no jogo. Para a Linden Labs, trata-se de construir uma economia gigantesca, de roda livre, orientada para o cliente, que actualmente gira cerca de 100 milhões de dólares por ano. A abordagem prosumptive do Second Life para construir um negócio oferece vantagens que modelos de negócio rigorosamente controlados não se podem replicar e escalar de formas que sistemas concebidos centralmente não podem.

---

[16] Os residentes são os indivíduos, reconhecíveis através de avatares autocolhíveis, dentro do jogo.

1.3 Compreendendo a motivação para co-criar

"Quem tem esse tempo, essa energia e essa paixão? A resposta é: por tomar as rédeas dos meios de comunicação globais, por fundar e enquadrar a nova democracia digital, por trabalhar por nada e por vencer os profissionais no seu próprio jogo".

"You - US Time's Person of the Year for 2006 .17

O que os economistas ainda não conseguem perceber ao ponto de não fazerem sentido para eles é *o que motiva* os membros a contribuir com o seu tempo e talento em comunidades Web 2.0 na sua maioria de forma gratuita. Em muitas comunidades de produção de pares, de facto, as actividades produtivas são voluntárias e não-monetárias. São voluntárias na medida em que as pessoas contribuem para estas comunidades porque querem e podem fazê-lo. São não-monetárias porque a maioria dos participantes não é paga pelas suas contribuições. Só porque as pessoas não são pagas para participar em peering não significa, contudo, que não beneficiem da sua participação de outras formas.

Esta ideia de dar capital intelectual de talento a qualquer pessoa parece violar o senso comum (2005)18, como as pessoas tendem a assumir, erroneamente, que deve haver uma disciplina de mercado para forçar - preencher todos os pequenos recantos económicos aos quais ninguém tem um apego "romântico". Cair na armadilha dos economistas de apenas ver como valiosa qualquer actividade que tenha valor monetário directo é um estereótipo comum, mas não é esse o caso aqui. De facto, as teorias económicas que estabelecem custos de oportunidade na atribuição de recursos, não dão apoio à ideia de que o tempo, considerado um recurso escasso, é gasto em actividades não lucrativas; em vez disso, é fornecida uma compreensão dos impulsos motivacionais para apoiar este comportamento aparentemente contraditório, juntamente com o ponto de vista inovador de *"ciclos de reserva".* Apesar de tudo isto, há que acrescentar que se este fenómeno não se enquadra estritamente em nenhum modelo económico para explicar o comportamento dos membros, o resultado dos seus esforços tem um valor

---

[17] http://www.time.com/time/magazine/article/0,9171,1569514,00.html
[18] *"Ciclos de reserva" é o* potencial humano que não é explorado por empregos de pessoas.

económico substancial, uma vez que afecta a dinâmica competitiva de muitas indústrias e modelos empresariais. Henkel e von Hippel (2003) afirmam que os utilizadores finais de código aberto beneficiam ao partilharem também as suas inovações.

A produção pelos pares alavanca as motivações humanas básicas (2008) e as pessoas participam por uma vasta gama de razões intrínsecas e de interesse próprio, como prova o inquérito baseado na Web de Lakhani e Wolf (2005). As motivações para a participação são, em última análise, muito mais complexas do que a diversão e o altruísmo. É muito claro que os programadores estão suficientemente motivados pela benevolência meritocrática para irem e criarem obras de enorme qualidade e valor. Linus Torvalds, fundador do projecto Linux, argumenta que os programadores dedicam enormes partes das suas vidas à construção de um software sem qualquer compensação monetária directa porque "para um engenheiro, resolver algum problema técnico... é tão excitante". O facto de escreverem "de graça" é a prova de que estão positivamente interessados no que estão a fazer, e o próprio interesse é o melhor pagamento do mundo. As pessoas adoram-no basicamente, e sentem-se apaixonadas pela sua área específica de especialização.

Lerner e Tirole (2002) argumentam que os criadores de programas de código aberto adquirem uma reputação, que acaba por ser recompensada no mercado de trabalho. A participação em projectos abertos obtém experiência, exposição e ligações, e se forem bons, podem ganhar um estatuto dentro da comunidade que poderá revelar-se altamente valioso nas suas carreiras (2008). Embora o retorno económico directo possa não parecer justificar o esforço, a perspectiva de demonstrar activamente as suas competências para um público interessado, muitos dos quais trabalham em organizações ávidas de talentos que pagam salários reais, é uma perspectiva atractiva. Porquê perder tempo a apresentar currículos, quando é possível cultivar uma audiência de potenciais empregadores intimamente familiarizados com os seus talentos? Se a participação numa comunidade é um meio bem sucedido de estabelecer as suas próprias credenciais, então, em última análise, o talento será notado e as pessoas talentosas passarão a ocupar posições em que o seu tempo será melhor aplicado a outras actividades, mesmo economicamente gratificantes. Em última análise, "queremos que as pessoas mais inteligentes se dediquem a algo apropriado aos seus talentos únicos", mesmo que a participação numa comunidade possa servir como um papel temporário para ajudar essas pessoas a ocuparem posições em que o valor do seu intelecto possa ser plenamente explorado.

It must be said that what is ultimately left out of all these utility equations is the ego-gratification that comes from being a popular member. Most research in this setting has analyzed egocentric networks (i.e. the relationships of one focal actor with other actors) (Wassermann and Faust, 1994; Johannisson, 1998). Because participating into such communities is such a personal pursuit, with strong and immediate egorecompensas, pode ser irracionalmente sedutora. O perigo - e isto aplica-se também a disciplinas para além da economia - é que indivíduos extraordinariamente talentosos podem acabar por passar mais tempo aqui do que deveriam, mesmo que a sua vantagem comparativa seja menor aqui do que em qualquer outro lugar. Distorcido por recompensas não económicas mas ainda assim poderosas, o mercado de ideias tornar-se-ia menos eficiente do que deveria, e todos nós sofreríamos em resultado disso.

Para dar maior sustentação à perspectiva aqui apresentada, Anderson (2006) introduz a teoria dos ciclos de reserva, que assume que *"os ciclos de reserva são o combustível mais poderoso do planeta e é disso que a Web 2.0, com o seu conteúdo gerado pelo utilizador, comunidades de código aberto e redes sociais como MySpace, YouTube, Facebook ou Second Life, são constituídas"*. As pessoas podem interrogar-se como a Wikipédia surgiu magicamente do nada, e como apareceram de repente 50 milhões de blogueiros, quase todos eles escrevendo gratuitamente. Ciclos de reserva são essencialmente tempo livre, que é gasto a interagir em linha, cujo custo de oportunidade depende de factores como a satisfação do trabalho principal e a gratificação do ego. O tipo que gasta tempo em redes sociais por diversão é o "ciclo livre" e se o considerarmos multiplicado por milhões, é uma enorme quantidade de tempo livre, que encontrou uma saída natural na Web. Aproveitar gratuitamente esta fonte ilimitada de capital humano e intelectual é o que as empresas, o governo e a sociedade em geral são chamados a fazer. Para a nossa opinião, é incorrecto dizer que os ciclos livres são a fonte de tanto conteúdo da Internet. Este conteúdo está também a ser gerado para o trabalho, para diversão no trabalho, e para diversão a partir de casa, e representa uma espantosa proliferação de energia humana. Clay Shirky observou que o tempo passado em linha está muito provavelmente a sair do tempo que costumava ser gasto a ver televisão. A pesquisa de rastreio da Nielsen mostra que o tempo que as pessoas passam a ver televisão continua a "aumentar", mesmo quando o tempo que passam em linha também aumenta. Como o tempo continua a ser um recurso fixo "estável", surge um problema da sua melhor afectação e mereceria uma análise mais profunda, fora do âmbito aqui.

1.4 Geração de conhecimento e inovação

1.4.1. Definição de conhecimento

O conhecimento é definido como informação combinada com experiência, contexto, interpretação e reflexões (Davenport e Prusak, 1998). Relativamente ao tipo de conhecimento, pode-se diferenciar entre conhecimento implícito e explícito, enquanto que estes tipos podem ser conceptualizados como duas extremidades de um espectro (Leonard e Sensiper, 1998, p. 113). Os conhecimentos explícitos podem ser transportados, respectivamente codificados em linguagem sistemática formal (Nonaka e Takeuchi, 1995, p. 59). Pode também ser representado, distribuído e armazenado em livros, documentos ou bases de dados (conhecimento desincorporado). Ao contrário disso, o conhecimento implícito é muito difícil de formalizar e comunicar, uma vez que está fortemente enraizado em experiências pessoais, percepções subjectivas, valores e emoções (conhecimento encarnado). O conhecimento implícito tem duas dimensões principais:técnica e cognitiva. Enquanto a dimensão técnica é constituída por competências e capacidades, muitas vezes chamadas know-how, a dimensão cognitiva é constituída pelos nossos modelos mentais - definidos pelas nossas crenças, valores e convicções - com os quais percebemos o nosso ambiente (Nonaka e Takeuchi, 1995, p. 60). Relativamente ao nível em que o conhecimento está presente, podem distinguir-se quatro níveis: o indivíduo, o grupo, o nível organizacional e inter-organizacional.

A distinção entre conhecimento científico e industrial também tem de ser feita. Esta distinção, embora bastante geral, é também muito importante porque a investigação passada sugere que o conhecimento científico e industrial tem uma natureza diferente, sendo mais universal e mais amplo o primeiro e mais idiossincrático, específico do contexto, ou orientado para o segundo (Allen, 1977; Allen, Tushman e Lee, 1979). Outra distinção importante é que enquanto o conhecimento científico é gerado para ser tornado público (a publicar), o conhecimento industrial tem uma natureza mais secreta porque é produzido para colher os benefícios económicos que lhe possam estar associados. É provável que o conhecimento científico seja mais relevante do que o conhecimento industrial no desenvolvimento da capacidade de inovação das pessoas, uma vez que tem um âmbito mais vasto, está mais facilmente disponível, e é mais susceptível de envolver elementos de novidade (Tortoriello 2005).

O conhecimento nunca é ocioso. Flui continuamente de actividade para actividade, de pessoa para pessoa e de tarefa para tarefa. O conhecimento explícito pode muitas vezes ser facilmente transferido através de meios electrónicos, mas o conhecimento também pode existir em histórias, acções, metáforas, analogias, comportamentos e conversas. (Beerli, Falk, e Diemers, 2003). O processo de criação de conhecimento preocupa-se com o desenvolvimento de novos conhecimentos explícitos ou implícitos por grupos e indivíduos. Novos conhecimentos podem ser criados quer através da expansão de conhecimentos implícitos ou explícitos já existentes, quer através da combinação destas formas de conhecimento.

A socialização compreende o intercâmbio de conhecimentos tácitos entre indivíduos, a fim de transmitir conhecimentos e experiências pessoais. As experiências conjuntas resultam em novos conhecimentos implícitos, partilhados, tais como valores comuns ou competências técnicas. *Extarnaiização* descreve a conversão de conhecimentos implícitos em conhecimentos explícitos. A transformação do conhecimento explícito em conhecimento explícito mais complexo e mais sistematizado representa a fase de *combinação.* Esta sistematização e 27O aperfeiçoamento aumenta o valor prático dos conhecimentos existentes, aumenta a sua transferibilidade e torna disponíveis novos conhecimentos.

1.4.2 Conhecimento em rede através de relações e conectividade

A fim de melhorar a conectividade dos membros através da interacção dentro da rede, temos de examinar atentamente as relações. As características destas relações são as "plataformas" para a troca de conhecimentos. As relações no seio das redes podem variar em duração, intensidade, bem como a frequência das interacções. Isto implica naturalmente o envolvimento pessoal, empenho e cuidado por detrás da relação. A forma como os membros das redes de conhecimento comunicam é também sobre a forma como utilizam as ferramentas de comunicação e a riqueza mediática[19] das relações descreve características distintas da relação. A conectividade de uma rede de conhecimento também depende da dimensão da rede. As barreiras à entrada, possibilidades de participação e propriedade podem limitar o fluxo de conhecimento. São necessárias relações pessoais estreitas, por um lado para criar um clima de confiança, que é necessário para a partilha de conhecimentos, e por outro lado para o intercâmbio efectivo de conhecimentos implícitos. A fim de alcançar uma alta conectividade em rede de conhecimento, têm de existir condições adequadas de comunicação-facilitação. Idealmente, deve haver um elevado grau de contacto presencial e uma comunicação intensiva entre os membros da rede, o que inclui interacção a longo prazo e um baixo grau de diferenças linguísticas e culturais. A proximidade social é também necessária a fim de permitir a partilha de experiências, bem como de conhecimentos contextuais. No que respeita às condições de facilitação da comunicação, a utilização de ferramentas deve ser alinhada com as necessidades e objectivos da rede e devem ser utilizadas e concebidas ferramentas TIC apropriadas para redes virtuais de conhecimento. Fóruns de conhecimento, conversação, técnicas de negociação, moderação e ferramentas linguísticas como o diálogo, vocabulário controlado e thesaurus, podem ser utilizados também para apoiar a comunicação. As comunidades de software de código aberto funcionam com comunicações instantâneas e transparentes e com iterações rápidas de produtos. As conversas utilizam mensagens instantâneas, correio electrónico e tudo o que é rápido. Os projectos de código aberto podem ser iniciados por um indivíduo que escreve parte de um programa e o coloca online. As actualizações podem ser publicadas diariamente, permitindo a uma comunidade global de utilizadores testar e corrigir o produto continuamente. E, uma vez que o produto final é gratuito e qualquer pessoa pode alterar o código, o produto permanece em desenvolvimento muito tempo após o seu lançamento (2008).

---

[19] A *teoria da riqueza dos meios de comunicação,* por vezes referida como teoria da riqueza da informação, é um quadro que pode ser utilizado para descrever um meio de comunicação, descrevendo a sua capacidade de reproduzir a informação enviada sobre ele. Mais especificamente, a teoria da riqueza dos meios de comunicação afirma que quanto mais ambígua e incerta é uma tarefa, mais rico é o formato dos meios de comunicação que lhe é adequado. Essencialmente, explica que os meios de comunicação mais ricos e mais pessoais são geralmente mais eficazes na comunicação do que os meios mais simples e menos ricos.

As comunidades virtuais demonstram que o estabelecimento de relações pessoais, a confiança e a partilha de experiência e conhecimentos implícitos são, até certo ponto, possíveis. Portanto, as ferramentas de comunicação TIC - especialmente as tecnologias síncronas e ferramentas com um elevado grau de riqueza mediática - são mais relevantes para este tipo de rede.

Uma cultura de conhecimento apropriada que fornece valores como o cuidado, a confiança e a abertura é extremamente importante neste tipo de rede. Sem tais valores, os membros da rede não estarão dispostos e capazes de tornar explícito o seu conhecimento tácito (2003).

1.4.3 Estrutura social em rede virtual e conhecimento individual independente: como é que conduzem à inovação ?

Na nossa tese, em vez de olharmos para a inovação como resultado da quantidade de recursos financeiros nela investidos, olhamos para os processos sociais através dos quais os indivíduos activam e exploram diferentes fontes de conhecimento para gerar inovações. Partimos de dois pressupostos básicos sobre a natureza da inovação e o processo inovador: o primeiro é que as inovações não são criadas de novo, mas vêm sobretudo da recombinação de diferentes tipos de conhecimento emprestados de diferentes campos (Hargadon, 2002; Março e Simon, 1958). O segundo pressuposto é que a inovação é o resultado de esforços colectivos e não individuais (Hargadon, 2003; Simon, 1991). O que acrescentamos à investigação anterior sobre gestão do conhecimento e da inovação é o enfoque explícito no *processo de capacidade de absorção2:* a análise analisa especificamente *quem* adquire *que* tipo de conhecimento e *como sobreposição de* this knowledge is used through knowledge sharing interactions to contribute to the collective effort of generating innovations. In the rest of the paragraph, we will discuss the benefits of a social network approach to the study of innovation. Individuals, as repositories of different knowledge sets, should be able not only to share their knowledge but also to adapt, recombine, and transform it in a way that is conducive to the actual development of innovations (Dougherty, 1992). Innovators spark new and emphatic discussions about their thoughts, dismantling the previously accepted wisdom. The structure of knowledge sharing interaction is important to understand individual innovativeness. Virtual network social structure is important for individual innovativeness because it provides access to sensitive knowledge and information. In particular, brokerage, defined as the ability, enabled by virtual platforms, to access otherwise disconnected social circles, has been considered to be important for the generation of innovations because it allows to access noninformação (Burt, 1992). No entanto, a relação entre corretagem e inovação não é tão simples (Ahuja, 2000). Por duas razões: primeiro porque gerar novas ideias utilizando o conhecimento de outra pessoa requer uma base de conhecimento comum (Reagans e McEvily, 2003) ao mesmo tempo que actua em círculos sociais maximiza a heterogeneidade do conhecimento disponível, reduzindo assim as áreas de sobreposição. Segundo porque ter boas ideias é diferente de agir com base em boas ideias

---

[22] Na administração de empresas, a *capacidade de absorção* é a teoria ou modelo utilizado para medir a capacidade de uma empresa de valorizar, assimilar e aplicar novos conhecimentos. É estudada a vários níveis (individual, de grupo, de empresa, e nacional). Antecedentes são o conhecimento baseado em antecedentes (stocks de conhecimento e fluxos de conhecimento), bem como a comunicação. É estudado envolvendo o desempenho inovador de uma empresa, nível de aspiração, e aprendizagem organizacional. Diz-se também que a capacidade de absorção é uma razão para as empresas investirem em I&D em vez de simplesmente comprarem os resultados (por exemplo, patentes). As equipas internas de I&D aumentam a capacidade de absorção de uma empresa. A teoria foi introduzida pela primeira vez em 1990 por Cohen e Levinthal. Envolve aprendizagem organizacional, economia industrial, a visão baseada em recursos da empresa e capacidades dinâmicas.

(Obstfeld, 2005). Paradoxalmente, se por um lado a corretagem proporciona a riqueza e diversidade de informação necessária para estimular a inovação, por outro lado não é claro que a sua estrutura social subjacente oferece condições ideais para integrar o conhecimento, mobilizar recursos e coordenar esforços individuais em torno de ideias novas/emergentes. Por outras palavras, não é claro que a corretagem oferece as condições ideais para partilhar, compreender e tirar partido de conjuntos de conhecimentos heterogéneos na base do processo inovador.

Para abordar este paradoxo propomos que o conhecimento dos indivíduos seja considerado independentemente da sua posição na estrutura social virtual global (Rodan e Galunic, 2004). A investigação anterior sobre redes sociais desenvolveu-se sob o pressuposto de que podemos inferir o conhecimento dos indivíduos apenas olhando para a sua posição na estrutura da rede. Como resultado, o conhecimento dentro das redes tem sido tipicamente inferido a partir da estrutura social, em vez de directamente medido. Por exemplo, indivíduos inseridos em estruturas densamente redundantes têm acesso a tipos de conhecimento semelhantes/sobrepostos, enquanto indivíduos ligados a grupos de outro modo desconectados têm acesso a tipos de conhecimento diferentes/não sobrepostos (ver imagem abaixo).

Figura 1. Visão tradicional da estrutura social e da estrutura do conhecimento

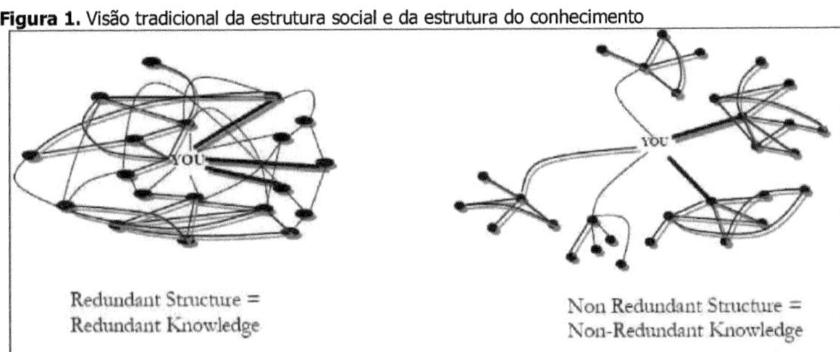

No entanto, esta relação entre o tipo de estrutura social da rede virtual e a estrutura de conhecimento resultante é apenas uma suposição. E se o conhecimento dos indivíduos for, pelo menos em parte, independente da sua posição na estrutura social? Esta é uma declaração razoável a fazer uma vez que, particularmente no estudo da inovação, o conhecimento proveniente do exterior de uma rede social é uma razão plausível pela qual o conhecimento dos indivíduos deve ser, *pelo menos em parte, um* of their internal social structure. External knowledge, almost by definition, presents elements of novelty with respect to the knowledge available inside the network and heterogeneity. The knowledge sourced from outside implies that individuals have different knowledge sets independently of their position in the social structure. If this is the case then being embedded in a close redundant network structure should have a positive impact on individuals' ability to generate innovations. Differences in knowledge and perspectives held by different actors will be more easily reconciled and re-arranged into something new if they have frequent and repeated interactions with one another. Third-party ties in dense networks would allow for additional opportunities to present and reiterate diverse ideas and diverging views. Further, social cohesion affects the motivation of an individual to devote time and effort interacting, exchanging, and transferring knowledge to others, whereas a disconnected network structure would not offer such opportunities for repeated interactions and fineintercâmbio de conhecimento *granulado independente* of their internal social structure. External knowledge, almost by definition, presents elements of novelty with respect to the knowledge available inside the network and heterogeneity. The knowledge sourced from outside implies that individuals have different knowledge sets independently of their position in the social structure. If this is the case then being embedded in a close redundant network structure should have a positive impact on individuals' ability to generate innovations. Differences in knowledge and perspectives held by different actors will be more easily reconciled and re-arranged into something new if they have frequent and repeated interactions with one another. Third-party ties in dense networks would allow for additional opportunities to present and reiterate diverse ideas and diverging views. Further, social cohesion affects the motivation of an individual to devote time and effort interacting, exchanging, and transferring knowledge to others, whereas a disconnected network structure would not offer such opportunities for repeated interactions and fine(Tortoriello, 2005). Contudo, também encontramos apoio para a hipótese segundo a qual a estrutura redundante é boa para a inovação quando a estrutura do conhecimento dos indivíduos apresenta algum elemento de heterogeneidade.

1.4.4 O papel da estrutura social: vantagens informativas locais vs. globais

Uma importante advertência do argumento anterior é que os benefícios informativos das redes coesas para a inovação podem ser locais ou globais, dependendo da estrutura de laços e nós considerados na vizinhança imediata. Considere-se o gráfico abaixo onde os nós são indivíduos e os laços são relações de partilha de informação.

Figura 2. Vantagens informativas locais vs. globais
REDE DE PARTILHA DE CONHECIMENTOS

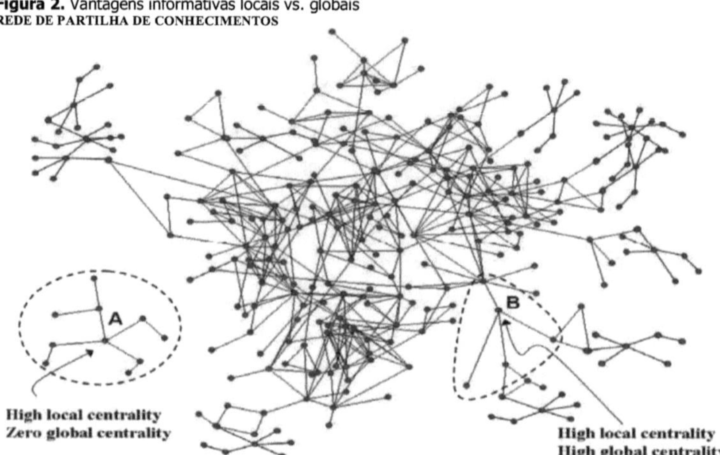

A tem acesso a actores não redundantes e, portanto, goza de uma elevada centralidade local em termos de acesso a informação nova/não redundante. No entanto, se considerarmos toda a rede, podemos ver que A é na realidade bastante marginal. B, em vez disso, além de ter uma elevada centralidade local (tem exactamente o mesmo número de ligações directas não redundantes que A), também tem uma elevada centralidade global, enquanto a centralidade global de A está limitada à sua vizinhança imediata. A análise das redes sociais demonstrou que os laços fortes são frequentemente caracterizados por uma elevada semelhança e que as relações fortes entre um actor focal e dois outros membros de uma rede tendem a conduzir a pelo menos um laço fraco entre os outros dois actores (Granovetter, 1974; Burt, 1992). A falta de ligação entre dois actores, que estão ambos ligados a um actor focal (no nosso caso "A ou B"), é chamada um buraco estrutural e é a base da teoria do buraco estrutural (Burt, 1992). Esta teoria também sugere que a falta de buracos estruturais na rede de um actor focal não só reduz a diversidade de informação acessível, mas também a autonomia do actor para se envolver em novas relações (Burt, 1992, 1997).

Esta imagem é, em última análise, uma boa ilustração da diferença entre as vantagens informativas locais e globais. Teoricamente, esta distinção tem implicações na forma como os indivíduos procuram e encontram a informação de que necessitam. Sabemos que ter acesso a contactos não redundantes aumenta a probabilidade de se deparar com informação nova e potencialmente útil. Contudo, se considerarmos a distinção entre vantagens informativas locais e globais, ter contactos não redundantes que permitem *um maior alcance* na rede global será particularmente importante porque aumenta ainda mais a probabilidade de encontrar informação nova e potencialmente útil. Quanto maior for o alcance na rede, maior será a probabilidade de realizar buscas bem sucedidas. Sobre as vantagens informativas locais versus globais, a investigação revela que a não-redundância local está positivamente associada à inovação, contudo, a não-redundância global tem um impacto mais forte do que a não-redundância local na promoção da inovação individual.

1.5 Possibilitar a inovação aberta

A globalização proporciona um conjunto diversificado de ambientes para a inovação, dependendo de factores como infra-estruturas tecnológicas, competências específicas de cada país e dinâmica competitiva (2008). Devido à crescente complexidade das tecnologias, capacidades necessárias e riscos implicados, as empresas começam cada vez mais a optar pela inovação colaborativa. A facilidade com que as equipas de I&D podem agora colaborar entre geografias e milhares de voluntários dispersos podem criar projectos rápidos, fluidos e inovadores que superam apenas os da maior e mais bem financiada empresa, é inigualável (2008).

Uma nova forma de mercado para ideias, inovações, e mentes exclusivamente qualificadas em todo o planeta estão a surgir através da Web e são acessíveis às empresas famintas de inovação. Tapscott e Williams (2008) definem estes mercados " IdeagoraS, *em* analogia significativa com as agoras agoras que surgiram no coração da antiga Atenas. Bater numa ideagora é como ter uma *baía electrónica para a inovação* que combina compradores e vendedores de inovação. Compradores de inovação, nomeadamente empresas, encontram uma grande e diversificada rede de talentos que resolverão problemas bem definidos mais rapidamente and more efficiently than an internal R&D group. Seller of innovations, namely selfindivíduos ou instituições científicas de talento organizado oferecem para resolver os pedidos dos compradores de inovação, produzindo uma diversidade de pensamento sobre o problema que muitas vezes pode tornar a solução bastante única. As ideágoras nascentes de hoje ainda não atingiram proporções verdadeiramente semelhantes às do eBay, devemos pensar nelas como os primeiros pisos comerciais virtuais de uma cas[20]and more efficiently than an internal R&D group. Seller of innovations, namely selfbazar de ideias global emergente. As companies learn how to climb up the open innovation learning curve - peering, sharing, and acting globally - they soon will discover that the real value of an open market for innovation lies in getting access to their unlimited database of heterogeneous contributed ideas and intellectual capital (2008). Potential for growth is out there, but it's distributed across thousands, perhaps millions, of individuals, organizations and firms. Small and medium-size businesses, universities and even individuals are increasingly sources of innovation and ideagoras help link all these individuals, companies and organizations together by establishing connections and facilitating transactions between buyers and seller of ideas and technology. With the emergence of global ideagoras, firms can choose to acquire outside ideas and technologies instead of developing them in, ou podem optar por licenciar as suas patentes de tecnologia e propriedade intelectual (PI) em vez de comercializar bens. Para tirar o máximo partido desta estratégia mais ampla, as empresas terão de cultivar *capacidades de colaboração.* Aprender como criar, encontrar e reaplicar grandes ideias numa ideagora global significa transformar a unidade de I&D no nível estratégico da empresa (2008) e algumas das grandes mudanças incluem o aperfeiçoamento da sua abordagem à propriedade intelectual, o aperfeiçoamento do seu radar externo e a criação de uma cultura de I&D que apoie a aquisição de ideias e tecnologias externas. A velha noção de que é preciso motivar, desenvolver e reter internamente todas as suas melhores pessoas seria nula, uma vez

---

[20] Alguns exemplos reais do que é discutido acima podem ser encontrados com Innocentive. Lançado pelo gigante farmacêutico norte-americano Eli Lilly como um empreendimento de comércio electrónico em 2001, cerca de trinta e cinco empresas da Fortune 500 exploram-no para alargar os seus problemas de I&D. Este sistema visionário, de facto, liga peritos a questões de I&D não resolvidas, permitindo a estas empresas explorar talentos de uma comunidade científica global sem sequer ter de os empregar. A inocência é apenas um exemplo de um número crescente de empresas reais à beira de explodir em mercados virtuais vibrantes. FellowForce, Yet2.com, Nine-Sigma, InnovationXchange Network, YourEncore e Innovation Relay Centers são apenas outros exemplos reais deste fenómeno emergente (2008) .

que um reservatório maciço de talento livre e auto-organizado[21] reside a alguns cliques de distância.

A investigação de Tapscott e Williams sugere que os gestores estão confortáveis com a mudança nas muitas dinâmicas empresariais, especialmente se forem economicamente mais vantajosos, mas ainda não estão tão confortáveis com uma mudança no modelo empresarial de I&D. Sugerem também que as empresas precisam de abandonar a velha abordagem à inovação e abraçar um novo paradigma. A ortodoxia reinante na inovação tem sido (durante a maior parte do século XX) que é melhor criar e comercializar ideias dentro dos limites de entidades fechadas. Estima-se que 90% da investigação e desenvolvimento são ainda realizados internamente, uma vez que as empresas continuam a agarrar-se ao "modelo de invenção".22

Tendo em conta todas estas considerações, surge naturalmente uma questão: a Visão Baseada em Recursos (RBV) ainda se mantém no novo ecossistema de modelação ou é dada de forma intemporal como garantida e/ou inquestionável por estudiosos e profissionais? Na secção de conclusões, serão fornecidas argumentações relacionadas contra esta teoria.

1.6 Gestão do conhecimento e da inovação

A gestão da inovação visa basicamente traduzir a criação de conhecimento em resultados empresariais. O conhecimento tornou-se o recurso mais valioso numa economia baseada em activos intangíveis e, para facilitar a inovação, a gestão do conhecimento tornou-se uma actividade importante para enfrentar os desafios associados à transformação da economia industrial para a economia do conhecimento (2003). No entanto, o retorno do elevado investimento na gestão do conhecimento é cada vez mais questionado. A noção de que a criação de conhecimento é um pré-requisito para a inovação é bem aceite, mas existem dúvidas crescentes sobre se existe uma correlação clara entre a existência de organizações dedicadas à gestão do conhecimento e margens mais elevadas, maior quota de mercado ou mais patentes (

---

[21] Ver parágrafo sobre "Compreender a motivação para co-criar".
[22] Citar referências relativas.

2003). O principal desafio continua a ser traduzir os esforços significativos envolvidos na gestão eficaz do conhecimento em competitividade e inovação sustentadas. Quer em grupos de reflexão académica, departamentos de investigação e desenvolvimento ou incubadoras, as circunstâncias ideais para gerar resultados previsíveis simplesmente não existem. Não existe um verdadeiro argumento comercial para estabelecer uma entidade organizacional institucionalizada em torno da intenção de ser um inovador (2003).

2. MÉTODO DE INVESTIGAÇÃO

2.1 Objectivos de investigação

A investigação surgiu com o objectivo de investigar o *mundo emergente das comunidades virtuais, motivado pelo surgimento da Web 2.0, e a sua inerente geração de conteúdo inovador prosumed.*

No início, esta proposta parecia genérica e não dava muitas pistas para abordar a investigação com vista a qualquer objectivo claro. De facto, é impensável inferir conclusões válidas para o mundo inteiro das comunidades, uma vez que muitas delas existem na Web e cada uma é diferente das outras. Desde que também faltem estatísticas extensivas sobre o tema e dada a escassez de recursos disponíveis para uma investigação académica, o âmbito da investigação teve de ser definido de forma preliminar e precisamente autolimitado a comunidades específicas.

A definição dos objectivos do inquérito já era per se um objectivo e uma extensa revisão bibliográfica serviu para enquadrar logicamente o tema, permitindo em última análise a geração de questões empiricamente investigáveis. O processo foi de facto recorrente e ressentido, em grande medida, pela nossa formação, naturalmente ligada à interpretação económica dos fenómenos e à mera evidência de actividades que acrescentam valor.

Aprofundando assim o nível de investigação de acordo com as premissas declaradas, o argumento foi dividido preliminarmente em duas construções teóricas principais, a primeira relativa à raison-d'etre das comunidades virtuais e a segunda descrevendo a geração das comunidades de conteúdo inovador em malha. A primeira constrói cabeças para examinar as características da comunidade, tais como os seus objectivos específicos e elementos funcionais, os papéis dos membros envolvidos e os seus motivadores para participar, com a intenção final de descobrir e examinar qualquer co-relação existente entre estes elementos estáticos. A segunda construção é intrinsecamente dinâmica e é difícil de ser investigada quantitativamente, por uma série de razões convincentes: o processo conducente ao conteúdo inovador prosumed é de facto não linear e na sua maioria não estruturado, como a teoria provou, e os fluxos de informação gerados não são tão evidentes para serem recuperados entre os membros. Apesar de tais limites, certos elementos importantes como as ferramentas de comunicação utilizadas, a utilização de mecanismos de controlo interno para canalizar conversas, e a pesquisa de condições estruturais que levam ao conteúdo prosumed, são rastreados e a investigação baseia-se neles para inferir conclusões válidas.

Empiricamente, esta forma de raciocínio permite distinguir a própria comunidade, como unidade estatística da população, dos seus membros, como as entidades elementares e os nós/fontes de conhecimento mais acessíveis a partir dos quais se podem obter dados sobre as comunidades. A ferramenta apropriada para a recolha de dados requer a adopção de um questionário ad hoc, a ser construído nas instalações da investigação declarada e inerentemente difundido através da Web. O passo lógico seguinte requer a definição e pormenorização da população de inquérito mais apropriada.

2.2 Definição de população inerente: modelo teórico Vs. viabilidade prática

Sendo o mundo das comunidades web o campo inerente a esta análise, é extremamente complicado, se não impossível, considerar toda a população a lotar a World Wide Web e isto é de facto inegável por uma série de razões: em primeiro lugar, não é possível encontrar uma definição de comunidade única, uma vez que cada uma tem peculiaridades específicas e muitas são formas híbridas, tornando assim a classificação qualitativa bastante complicada. Sem dúvida, alguns critérios de definição podem até ser eleitos e eventualmente aplicados, mas sem qualquer precedente subjacente, isso não ajudaria. Em segundo lugar, tendo assumido que o problema de definição foi realisticamente resolvido, fornecer estimativas quantitativas para toda a população resultante seria tecnicamente difícil, e as razões são óbvias. Mesmo assumindo fortemente que estas duas questões principais fossem resolvidas de forma fiável, um outro problema continuaria a representar correctamente a população através de uma amostra apropriada.

Em relação a todas as questões mencionadas, este modelo de investigação resulta impraticável, sendo assim imperioso passar de objectivos iniciais inalcançáveis para objectivos mais operacionais - alcançáveis, ou seja, inferir conclusões sobre um número limitado de comunidades em vez de sobre toda a população que atravessa a Web. Seguindo este novo caminho de investigação, pensou-se em distinguir as comunidades em categorias com base na sua natureza e objectivos inerentes, e inferir conclusões sobre a recolha de dados de cada categoria. Desta forma, é possível identificar uma série de categorias como uma *categoria orientada para a produção por pares* (por exemplo, Wikipédia, Linux, etc.) que, reconhecidamente, perseguem objectivos de colaboração e voluntários, uma *categoria orientada para as empresas* (ou seja Aswarmofangels, Gogme.biz, Innocentive, etc.) que são inerentemente orientadas para o mercado e ansiosas por atingir objectivos empresariais, e até uma *categoria orientada para a sociedade* (por exemplo, Facebook, Myspace, etc.), que estabelece objectivos relacionais e de construção de amizade. Esta forma de classificar as comunidades em categorias distintas, longe de ser objectivamente perfeita e inquestionável, mas contando com uma observação pessoal das características evidentes de algumas comunidades, assenta num forte pressuposto subjacente, segundo o qual *os membros exibem um conjunto de comportamentos específicos dentro de cada categoria de comunidade, derivados dos seus factores de motivação para participar.* Esta suposição, se empiricamente provada, permitiria uma comparação com a literatura citada - teoria que explica o envolvimento e a motivação para participar numa comunidade específica[23].

Embora esta última abordagem ex ante parecesse bem pensada e dentro do alcance académico, levanta de facto desafios de amostragem e de listabilidade. De facto, supondo que uma amostra representativa estratificada de comunidades possa ser *casualmente extraída* das diversas categorias acima mencionadas, tecnicamente referenciáveis como estratos (sendo este processo já operativamente complexo), como é que os membros, numa fase posterior necessária de amostragem, seriam casualmente

---

[23] Ver parágrafo "Compreender a motivação para co-criar".

seleccionados a partir da amostra extraída de comunidades, se não estiver actualmente disponível qualquer informação sobre os membros? Por outras palavras, como seria composta a lista de membros a quem enviaria o questionário? Não menos importante, como assegurar que os membros de uma lista de fontes, uma vez contactados através da Web, colaborem activamente no preenchimento do questionário?

Consciente da dificuldade de resolver adequadamente tais questões ao examinar diferentes categorias de comunidades, o âmbito do inquérito necessita de mais restrições e obriga a limitar o exame a apenas uma categoria de comunidades. Isto leva inevitavelmente a tomar uma decisão, afectando sem dúvida os resultados futuros da investigação, no que diz respeito à categoria a examinar. Em última análise, escolhemos as *comunidades de orientação social* como a categoria de investigação eleita, fornecendo a explicação apropriada para sustentar esta escolha aparentemente aleatória. A sua adopção de facto consegue contornar as preocupações de criação de listas em stress: dentro desta classe de comunidades, de facto, contactar uma lista de membros é comparativamente mais fácil do que em qualquer outra parte do mundo virtual das comunidades, uma vez que o boca-a-boca entre os amigos da comunidade e os amigos dos amigos (FoF) pode ser facilmente aproveitado e os efeitos de distribuição viral para a circulação do questionário podem ser explorados. Há que acrescentar que dependemos fortemente de uma rede pessoal de contactos, na sua maioria pertencentes a uma comunidade social, simplificando enormemente a tarefa. Embora esta metodologia permita enfrentar finamente o obstáculo da "lista", extrair uma amostra representativa das comunidades de toda a população de comunidades sociais continua a ser uma questão insolúvel, uma vez que as estimativas existentes sobre a população relevante carecem e não podem ser razoavelmente obtidas aqui.

Tendo empreendido devidamente tais considerações especulativas a fim de abordar rigorosamente a investigação, é bastante evidente que confiar num padrão de investigação logicamente escrupuloso não é empiricamente possível, pelo menos no âmbito e nos recursos limitados de uma investigação académica. Assim, o único método de investigação empiricamente viável continua a ser o de manter a lista de contactos pessoais à disposição e, na sua maioria, pertencentes a uma comunidade social específica (ou seja, Facebook), com a premissa óbvia de que não segue qualquer plano de amostragem metodologicamente rígido de membros da comunidade e as consequentes conclusões não podem ser alargadas a toda a comunidade apenas examinada, nem a toda a categoria de comunidades sociais. No parágrafo seguinte, descrevemos a forma como o questionário foi estruturado e formulado para recolher dados relevantes dos membros da comunidade examinadora, seguido de uma visão geral do modus operandi concretamente adoptado para a sua distribuição à lista de contactos "privilegiados".

2.3 Elaboração de questionários, distribuição eficaz e recolha de dados

No seguimento dos objectivos da investigação, foi elaborado um modelo de questionário para aderir completamente aos mesmos. Isto significava originalmente a criação de um questionário adequado para recolher dados sensíveis da multidão de comunidades que povoam a Web. Tendo percebido ex post a impossibilidade de alcançar e inferir conclusões em grande escala, o questionário [24] was aptly phrased to only suit the social community category and split up into two sections, sympathetic with the abovesuscitou construções teóricas (ou seja, a razão de ser da comunidade e a geração de inovação), mais a secção de dados pessoais por defeito. Cada secção compreende um conjunto de perguntas inerentes e a adopção de escalas de medição apropriadas como opções de respostas permite um refinamento dos dados recolhidos, que são primeiro agrupados, depois filtrados com parâmetros diferentes e, por fim, tabelados com a utilização de um software de folha de cálculo. O questionário foi eventualmente alojado num domínio específico para tornar o acesso individual rápido e sem limites de espaço e para, em última análise, facilitar o processo de recolha e análise de dados brutos. Deve salientar-se que mesmo que o questionário tenha sido reformulado para se adaptar aos novos requisitos de viabilidade, a natureza da investigação tem sido sempre seguida ao longo de toda a investigação.

Neste momento, são fornecidas provas do modus operandi prático para a recolha de dados. Uma vez que o questionário estava pronto para ser preenchido, foi concretamente adoptada uma estratégia push-pull para distribuir e recolher dados. De

---

[24] Uma cópia do questionário pode ser encontrada em http://www.surveymonkey.com. O site oferece serviços específicos de investigação, como concepção do questionário, recolha e análise estatística

facto, por um lado, reencaminhámos literalmente a ligação directa para tantos amigos como tínhamos via e-mail, utilizando um sweepstake para garantir que a taxa de resposta poderia ser elevada. Por outro lado, adoptámos uma estratégia de "puxar" para trazer o tráfego dos amigos para um blogue pessoal e [25]grupos ad hoc criados no Facebook para eventualmente os levar a preencher o questionário, utilizando a mesma ligação. Numa segunda fase, encontrámo-nos acidentalmente a co-criar um grupo do Facebook com um indivíduo desconhecido, que se transformou em pistas. Isto permitiu inquirir 65 membros em menos de um mês, obtendo um total de 53 questionários preenchidos para uma notável taxa de resposta de 81,5%.

Como foi dito, este caminho de investigação não é formalmente rigoroso, pelo contrário, foi o único aqui viável para contornar a questão da viabilidade.

3. DADOS

3.1 Questionário da primeira parte: Características da comunidade.

Nesta primeira parte, são mostrados os resultados do primeiro conjunto de perguntas. Consistiu em perguntas relevantes, destinadas a investigar os fundamentos das comunidades e o comportamento dos membros.

3.1.1 Composição da amostra

O questionário começa com uma pergunta de filtro, onde os entrevistados são ordenados com base na sua pertença a uma comunidade específica. Como pode ser uma característica comum, sobretudo para os indivíduos da "Geração em Rede", pertencer contemporaneamente e participar activamente em mais do que uma comunidade, resultando na sobreposição e na confusão de papéis a definir, a primeira pergunta convida os inquiridos a nomear a comunidade que mais contribuiu e a responder às seguintes perguntas de acordo com os comportamentos aí expostos.

Quadro 1: Amostra de entrevistados

Comunidades Sociais Entrevistados Aff i liation

---

[25] http://wikipreneurship.wordpress.com

Como mencionado anteriormente, quase três quartos da amostra são compostos por membros pertencentes a uma rede social largamente difundida (Facebook), seguidos por outras comunidades sociais, não menos notórias. O Linkedin é a única comunidade que não se enquadra estritamente na classe da categoria social, estando mais orientada para a rede de empresas.

3.1.2 Motivação e tempo dedicado às redes sociais

Nesta secção, são dadas provas aos condutores motivacionais e ao tempo dedicado às redes sociais. Para corroborar os meus resultados empíricos, é também fornecida uma comparação com uma investigação de Forrester[26], que investigou as mesmas questões. Partindo dos condutores motivacionais, três categorias de actividades parecem prevalecer entre as razões que levam à adesão a uma rede social.

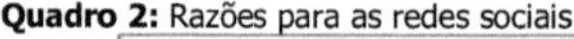
Quadro 2: Razões para as redes sociais

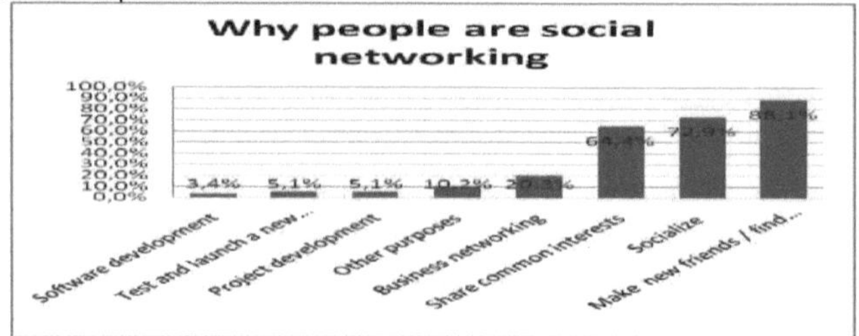

Por um lado, os indivíduos interagem principalmente (88,1%) para fazer novos amigos ou encontrar velhos amigos: é evidente que esta actividade se traduz naturalmente numa actividade socializante para os 73% dos entrevistados. Por outro lado, a partilha

---

[26] A Forrester Research é uma empresa de tecnologia e pesquisa de mercado que fornece conselhos pragmáticos aos líderes globais em negócios e tecnologia.

de interesses comuns é relevante para os quase dois terços da amostra e dá explicação a uma vasta gama de subgrupos internos de comunidades sociais existentes e que surgem continuamente, onde milhares de membros semelhantes se reúnem para partilhar conhecimentos e experiências sobre tópicos específicos e padrões de discussão.[27] Desta forma, a categoria "socializar" joga como um circuito de controlo entre as categorias de dois lados e enfatiza os aspectos sociológicos e comunicacionais inerentes a tais comunidades. A amostra de um quinto, em vez disso, utiliza redes sociais em busca de oportunidades de negócio. Outros propósitos são dificilmente envolvidos pelos membros, uma vez que é claramente observável. Estes resultados empíricos vão bem com os obtidos pela investigação de Forrester de 2007 ,[28] oferecendo uma comparação sustentável.

Quadro 1: Pesquisa Forrester 2007 sobre a utilização de redes sociais.

Os membros utilizam redes sociais para a comunicação

Actividade	Frequência
Veja o que os meus amigos andam a tramar:	86%
Enviou uma mensagem a alguém:	79%
Posted/updated my profile:	70%
Olhei para perfis de pessoas que eu não conhecia:	65%
Procurado por alguém que eu conhecia:	59%
Enviar um pedido de amigo/conexão:	53%
Ouvia música:	47%
Ler um blogue ou diário:	51%
^Vistido na página de perfil de alguém (por exemplo, escrito numa parede, afixado um testemunho):	55%
^Votou um vídeo:	40%

Fonte: Inquérito Norte-Americano de Varejo Tecnográfico e Marketing Online à Juventude, 4º Trimestre de 2007

6Contextos de *inverno*　　© 2007 Forrester Research, Inc. Todos os direitos reservados.

De acordo com esta última investigação, os membros utilizam redes sociais para comunicar e conviver com amigos, o que, em última análise, não é nada de novo para o que a nossa investigação acaba de apontar. Todas as actividades relatadas na tabela discriminam em grandes detalhes as três categorias relevantes elencadas no nosso inquérito.

---

[27] A actividade de interacção de grupo é mais investigada e aprofundada na segunda parte da análise.

[28] Deve dizer-se que o âmbito, parâmetros e métodos de inquérito adoptados pela investigação Forrester não são dados. No entanto, tais limites, resultados de tabela, relativos ao mercado norte-americano, podem ser considerados fiáveis (Fonte: http://www.slideshare.com)

Neste ponto, é interessante destacar a quantidade de tempo livre dedicado às redes sociais e a forma como se distribui entre as diversas faixas etárias. Os empíricos mostram que todos os indivíduos amostrados dedicam 505 horas por semana às redes sociais, o que se transforma em quase 25.000 horas gratuitas dedicadas por ano. Em média, cada membro dedica mais de 8 horas por semana, o que se transforma em quase 400 horas gratuitas dedicadas individualmente por ano[29]. A classe etária que dedica a maior parte do tempo às redes sociais é a 26-30, absorvendo mais de um terço do tempo total dedicado da amostra. As classes 21-25 e 16-20, respectivamente, seguem em frente. É relevante notar que estas três classes jovens em conjunto acumulam mais de 85% do tempo total e pequenas partes decrescentes do tempo são gastas por classes etárias cada vez mais velhas.

Quadro 3: Distribuição do tempo livre

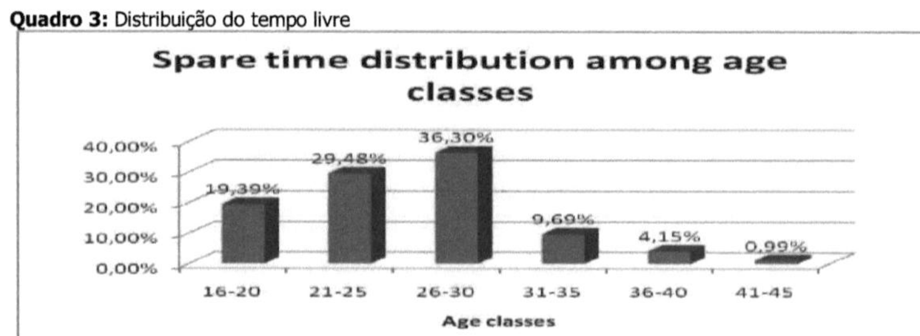

Estes dígitos convidam os leitores a reflectir sobre a atribuição de tempo livre em diversas fases da vida e como as empresas estão cada vez mais a aproveitar o tempo livre das pessoas para a comoditização.30 Este ponto leva a perguntar aos membros da comunidade se, e eventualmente o quê, eles estão à espera do seu consumo de tempo. As respostas à pergunta são apresentadas no gráfico abaixo.

Quadro 4: Expectativas dos membros em relação ao seu envolvimento numa rede social

---

Para citar algum exemplo figurativo, Second Life recebe diariamente 23.000 de esforço de desenvolvimento gratuito da sua população de utilizadores.

[30] Esta questão será examinada em pormenor mais tarde na secção "Conclusões".

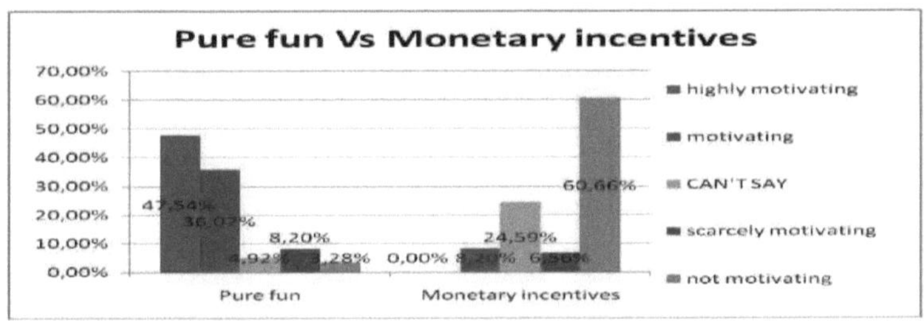

O que inicialmente parecia ser um dilema de duas soluções mostrou, em vez disso, provas empíricas a favor de um caminho motivador: os membros, de facto, trocariam o seu tempo livre em troca de "puro entretenimento" (mais de 80% dos indivíduos amostrados são, pelo menos, motivados por razões divertidas, enquanto os dois terços da amostra são, na melhor das hipóteses, pouco motivados por "incentivos monetários") e não são motivados, em termos simplistas, por dinheiro.

3.1.3 Desempenho de papéis

Nesta secção, investigamos a existência de qualquer papel (auto)atribuído aos membros da comunidade e se esta (auto)etiquetagem segue qualquer padrão de distribuição entre as faixas etárias. Para o efeito, foi estabelecida uma simples consulta para verificar se existe uma distinção de papéis dentro da comunidade escolhida. Os papéis foram agrupados em 5 categorias e definidos como se segue: 1) "Visitante externo", 2) "Utilizador", 3) "Administrador de grupo/Projecto", 4) "Contribuinte de conteúdo" e 5) "Agregador de informação". Como se pode notar, as duas primeiras categorias são suficientemente genéricas, enquanto as três últimas trazem um nível mais elevado de detalhe.

Quadro 5: Distribuição de papéis entre as classes etárias.

Como os papéis se distribuem com a idade

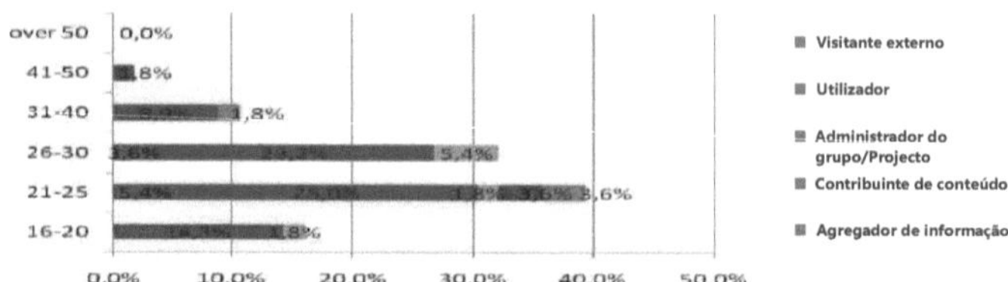

Apesar deste limite, mais de 70% dos inquiridos gostam de se auto-definir como utilizadores genéricos, uma vez que presumivelmente aderiram à comunidade sem intenção específica, seguindo uma moda de "bandwagon", e isto é de facto verdade sem ter em conta a idade - "utilizadores" são a moda nas primeiras quatro classes etárias, como mostra o gráfico. Uma minúscula percentagem de indivíduos está consciente do seu papel específico, possivelmente devido à sua adesão mais longa e ao seu envolvimento activo na comunidade. Mais uma vez, dentro de limites comparáveis, os resultados dão-se bem com os encontrados pela pesquisa Forrester, como mostra o gráfico abaixo.

Quadro 6: Investigação Forrester 2007.

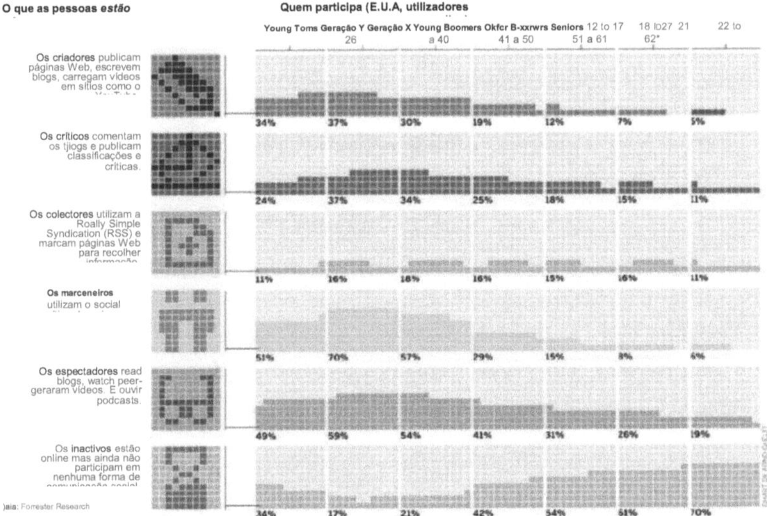

Um paralelismo adaptativo entre as classes etárias e as categorias inquiridas na nossa investigação e Forrester pode ser facilmente encontrado. Para os nossos propósitos, é bastante notável notar que os "Juntos de redes sociais" da investigação de Forrester, assuma-se a "Utilizadores" na nossa - exibem as percentagens mais elevadas (modo) entre todas as categorias para as três primeiras classes etárias.

3.1.4 Elementos comunitários.

Quando se pergunta que características devem ter uma comunidade a que os indivíduos devem aderir e participar, os inquiridos dão grande relevância à reputação da comunidade, seguida respectivamente da possibilidade de expressar a sua própria criatividade e de encontrar um bom nível de competências entre os membros da comunidade.

Quadro 7: Elementos funcionais da comunidade.

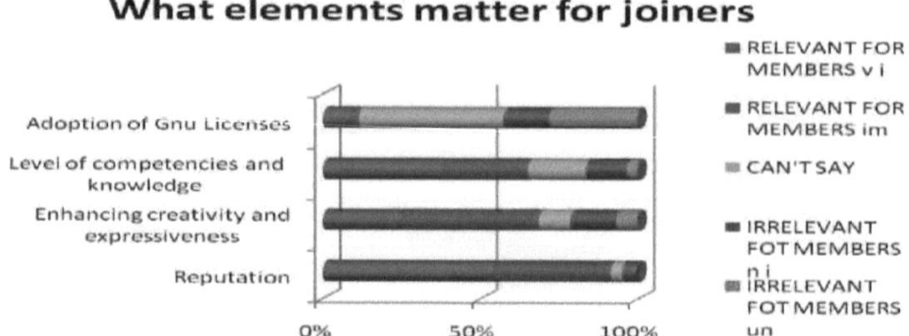

A incerteza, para a nossa opinião proveniente de uma falta de conhecimento real sobre o tema, prevalece entre os membros quando questionados se consideram importante a adopção das Licenças Gnu.

3.2 Questionário da segunda parte: geração de conteúdo prosumed e inovação.

O questionário da segunda parte consiste num conjunto de perguntas que abordam principalmente três questões específicas: ferramentas de gestão de conteúdos (CMS) empregadas numa comunidade, utilização de mecanismos de controlo interno para canalizar as linhas de conversa para conteúdos úteis, pesquisa de condições estruturais que levam a conteúdos prosumed interligados. Finalmente, damos provas do tipo de estrutura social permitida também pelo Facebook, que foi obtida utilizando uma aplicação desenvolvida internamente.

3.2.1 Info-circulação e interacção dos utilizadores: adopção de CMS de rede

O gráfico abaixo é bastante auto-explicativo, uma vez que mostra claramente a frequência de distribuição das ferramentas maioritariamente utilizadas pelos membros da comunidade. Deve notar-se, no entanto, que sendo a amostra distorcida a favor dos membros da rede social Facebook, a distribuição das respostas é também distorcida a favor dos instrumentos utilizados dentro dessa rede.

Ultrapassando este limite (que se aplica extensivamente, como foi dito, em todo o empírico), notamos que as ferramentas mais utilizadas são tanto o IM (ou seja, mensagens instantâneas) como o sistema de "postagem e comentários", seguido da utilização de "listas de correio" e "fóruns de discussão". Estes resultados podem ser explicados pela facilidade e rapidez de utilização destas ferramentas, e apoiam os pressupostos dos estudiosos que afirmam que as comunidades "são mercado de conversas".31

Quadro 8: Ferramentas de comunicação informática para interacção dos utilizadores e circulação de informação entre os membros.

As restantes ferramentas CMS apresentam uma menor taxa de utilização, provavelmente devido à divisão digital [32] entre os membros, uma vez que são instrumentos que implicam um maior grau de literacia e familiaridade com as tecnologias de informação. Também se deve dizer que "feeds e postais", "social bookmarking" e "dispositivos multimédia" são aplicações recém-nascidas.

3.2.2 Das conversas ao conhecimento

Como anteriormente salientado, os mecanismos que levam à geração de conteúdo e conhecimento são dinâmicos e não se adequam adequadamente a uma análise de

---

[31] Ver parágrafo "Enquadramento do paradigma de criação de valor comunitário: o modelo de presunção" e em particular a nota ao "Manifesto Cluetrain".

[32] O termo divisão digital refere-se ao fosso entre as pessoas com acesso efectivo à tecnologia digital e de informação e as que têm um acesso muito limitado ou nenhum acesso. Inclui os desequilíbrios no acesso físico à tecnologia, bem como os desequilíbrios nos recursos e competências necessárias para participar efectivamente como cidadão digital. Por outras palavras, é o acesso desigual de alguns membros da sociedade à tecnologia da informação e da comunicação, e a aquisição desigual de competências relacionadas.

abordagem quantitativa. Não obstante, pedimos aos indivíduos amostrados que expressassem as suas opiniões sobre o que poderia ser responsável pela geração de conhecimento a partir do grosso das conversas.

Quadro 9: Geração de conteúdos.

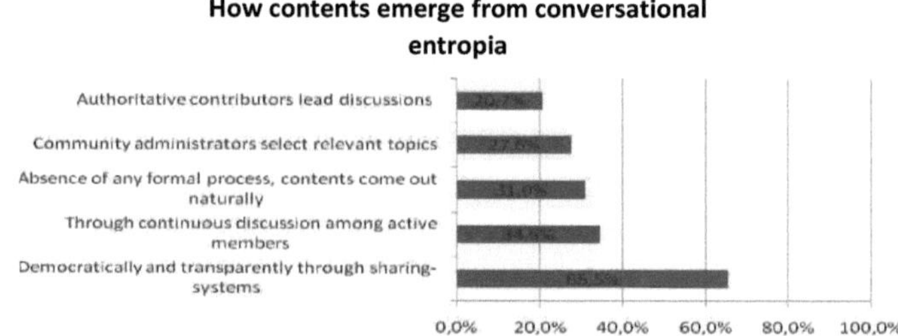

O que chama a atenção no quadro acima é o último item: é bastante evidente que o conteúdo emerge principalmente graças a um sistema de baixo para cima que reúne as ideias conversadas, permitindo que sejam partilhadas e remixadas. Os administradores, de facto, exercem um pequeno controlo sobre os tópicos em discussão, deixando assim uma grande liberdade de expressão.

De facto, ajudamos a um processo não estruturado, que não segue nenhum caminho preciso, mas que no entanto gera ideias diferentes para misturar e combinar de uma forma criativa sem precedentes. O quadro abaixo tenta dar provas e resumir as razões pelas quais isto está a acontecer.

Quadro 10: Conteúdo remixado

Porque é que os conteúdos presumidos se interligam criativamente

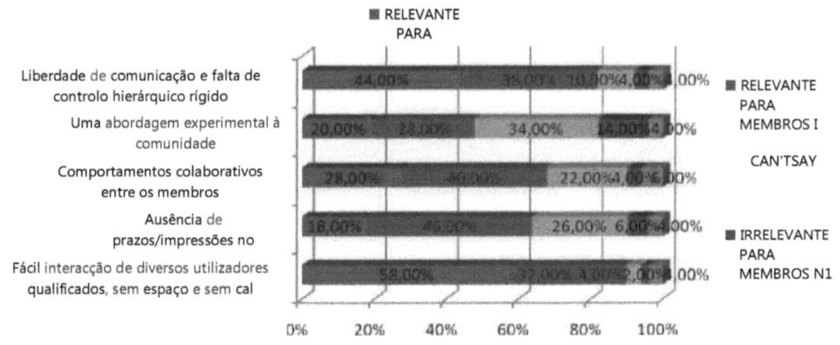

De acordo com a amostra, é a própria facilidade de interacção entre indivíduos, facilitada também pela ausência de qualquer limite espacial ou temporal dentro de uma estrutura virtual, o que causaria a confusão de conteúdos. Por outras palavras, o que é expresso (produzido) pelo indivíduo A é lido (consumido) pelo indivíduo B. Este último (B), combinando o conteúdo de A com os seus próprios conhecimentos e experiência, quer internos quer externos à comunidade, produz novos conteúdos. Este processo, que pode envolver muitos indivíduos ligados seguindo dinâmicas virais, produz e/ou consome conteúdos criativos entrelaçados.

O resultado é uma grande quantidade de informação potencialmente explorável para fins comerciais, [33] as members of the community - potential customers for enterpises -expressando as suas necessidades, desejos e expectativas num ambiente amigável e sob a forma de conversas. Na realidade, em maior medida do que apenas no Facebook, isto está a levar a uma grande quantidade de inovação em muitas indústrias, onde os

---

[33] Ao registar uma conta, os novos membros assinam um contrato cujos pactos declaram que a propriedade de todos os seus conteúdos produzidos (conversas, notas, informações pessoais, vídeo ou fotos, etc.) está no Facebook Inc. (Facebook Inc.). Fonte:http://vitadigitale.corriere.it/2009/02/termini_facebook_copyright.html. Hoje, a empresa

gera uma parte das receitas provenientes da venda destes mesmos conteúdos a empresas externas, o que é considerado extremamente útil para traçar o perfil de novos potenciais clientes.

indivíduos, dentro de um quadro comunitário, são chamados a co-desenhar e co-produzir produtos com empresas e é aqui que reside de facto o valor da prosumption. Finalmente, as conversas são a base para a publicidade por palavras-chave, sendo a técnica mais avançada actualmente utilizada pelos principais motores de busca como Google e Yahoo, e o próprio Facebook.

3.2.3 Seguimento da estrutura social do Facebook.

Este tipo de análise foi possível utilizando uma aplicação do Facebook desenvolvida internamente (ou seja, a roda do amigo) e o gráfico abaixo reproduz a estrutura de nós e laços entre os indivíduos amostrados no Facebook. Os indivíduos do círculo representam amigos de primeiro grau, aos quais estamos directamente ligados. O círculo inclui tanto amigos redundantes como não redundantes. Ou seja, amigos não redundantes são aqueles indivíduos aos quais estamos ligados por meio de um único laço directo - eles somam até treze e ocupam a parte nordeste do círculo -- [34]

Quadro 11: A estrutura social dos indivíduos amostrados no Facebook

---

[34] Por exemplo: Roberta Aloisio, Julia Meeks, Richard Gambler e assim por diante.

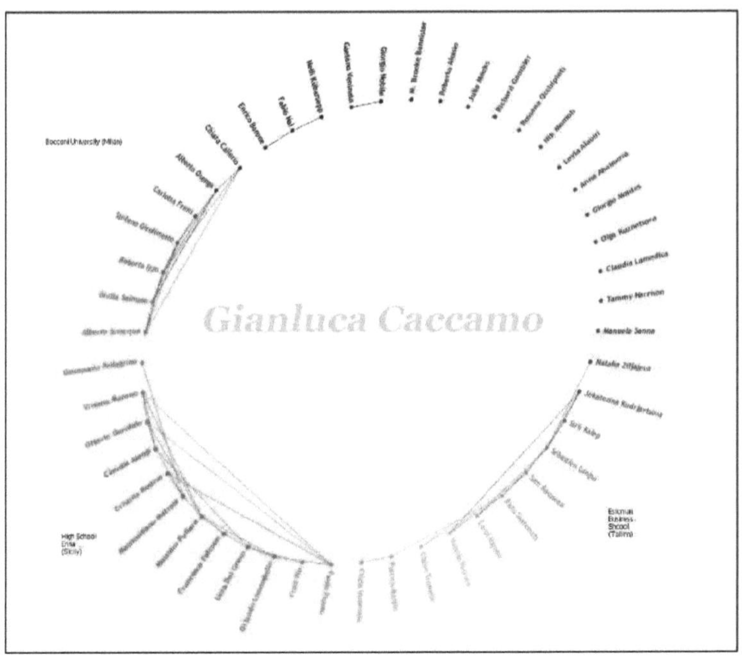

Os amigos redundantes são aqueles indivíduos do círculo que podemos alcançar tanto directa como indirectamente (por meio de amigos de amigos). No gráfico, são exibidas três áreas principais de redundância, que correspondem aos círculos locais da vida real, provando assim que as redes Facebook são indivíduos a quem de alguma forma nos encontramos e "amarramos" na nossa vida social real e com quem partilhamos interesses semelhantes, resultando numa melhor coesão social e motivação para a actividade de redes sociais virtuais. Considerando toda a estrutura de nós e laços, na nossa vizinhança imediata (laços de primeiro grau), vemos que o alcance é bastante internacional - estamos ligados a amigos estónios, italianos e canadianos - , alavancando assim a probabilidade de encontrarmos diversas fontes de informação. Notamos também a presença de buracos estruturais, que amplificam a presença de informação heterogénea. Dito isto, o resultado é uma rede que inevitavelmente conduz à inovação, destinada a remixar diferentes fontes de conhecimento e conteúdos criativos, da forma anteriormente descrita.

4. CONCLUSÕES

Nesta secção, discutimos dois tipos de resultados obtidos. Os resultados de primeira classe compreendem descobertas de ponta inferidas por um mero raciocínio lógico a partir do quadro teórico existente. Uma segunda classe de resultados resulta da comparação entre a evidência empírica e a teoria existente, dentro dos limites da investigação real conduzida.

4.1 Revisão da análise da estrutura da rede social e do processo de criação de conhecimento.

Numa era de rápida proliferação de conhecimentos, o domínio central é uma rede social que absorve, cria, transforma, compra, vende e comunica conhecimentos. O seu bastião é o conhecimento incorporado numa densa teia de relações sociais, económicas e contratuais. Mais importante pelas suas implicações teóricas, a rede de conhecimento pode proporcionar um novo quadro conceptual para repensar o modelo clássico de gestão do conhecimento, centrado dentro dos limites da empresa. A adopção de uma nova abordagem social e comunitária da gestão do conhecimento requer a integração do trabalho em rede e da gestão do conhecimento numa abordagem holística, de modo a abranger todas as formas de conhecimento, explícito e implícito, técnico e cognitivo, científico e industrial, e que continua a ser um desafio. Em termos das contribuições para a área da teoria da estrutura social em rede, é bastante notável observar como a tomada em consideração do *conhecimento individual* em vez de o inferir da estrutura social muda a nossa compreensão de como a estrutura social contribui para a inovação e a criação de conhecimento.

4.2 Criticar a visão baseada em recursos (RBV) e repensar a abordagem padrão da empresa à inovação.

Increasing competitive pressure, the constantly accelerating transformation of the economy from industrial to information-based services, and a strong focus on adding-value activities have initiated the search for sustainable sources of competitive advantage. In the described context, knowledge becomes the most crucial component in the struggle for competitiveness. As a result of searching for sources of competitive advantage, a prominent and empirically-backed view has long emerged. It argues that differential company performance is fundamentally due to company's resources heterogeneity (Barney, 1991; Wernerfeld, 1984). Jay Barney (1991, p101) referindo-se a Daft (1983) afirma que os recursos incluem todos os bens, capabilities, organizational processes, firm attributes, information and knowledge. A subsequent distinction made by Amit & Schoemaker (1993, p35) é que a construção englobante anteriormente chamada recursos pode ser dividida em recursos e capacidades. A este respeito, os recursos são negociáveis e não específicos da empresa, enquanto as capacidades são específicas da empresa e utilizadas para utilizar os recursos dentro da empresa, tais como processos implícitos para transferir conhecimentos dentro da empresa (Makadok, 2001, p388-389; Hoopes, Madsen e Walker, 2003, p890). Esta distinção tem sido amplamente adoptada em toda a literatura de visão baseada em recursos (Conner e Prahalad, 1996, p477; Makadok, 2001, p338; Barney, Wright e Ketchen, 2001, p630-31). As empresas que são capazes de acumular recursos e capacidades *valiosas, raras, não substituíveis e difíceis de imitar,* conseguirão uma vantagem competitiva sobre as empresas concorrentes. A visão baseada em recursos abordou geralmente as diferenças de desempenho entre empresas que utilizam assimetrias de conhecimento, associadas a competências ou capacidades (Peteraf, 1993; Prahalad e Hamel, 1990; Winter, 1995). Muitos autores descrevem o conhecimento como a fonte mais importante de vantagem competitiva sustentável e, portanto, também como uma fonte para gerar valor na economia moderna do conhecimento. Portanto, uma visão baseada no conhecimento pode ser vista como a essência da visão baseada nos recursos (Winter, 1988; Conner e Prahalad, 1996; Grant, 1996).

Tal como anteriormente detalhado, o mercado global de ideias emergente, que acelera a velocidade da inovação, é considerado como tendo origem directa no conhecimento em grande medida criado fora dos limites da empresa. Nas últimas duas décadas, em vez disso, as empresas têm vindo a explorar a questão de como preservar e desenvolver activos competitivos com origem no seu conhecimento do capital humano, que só possuem por um período de tempo limitado e sempre decrescente. Por conseguinte, isso exigia a entrega do conhecimento certo ao lugar certo para a pessoa certa, que precisava de ser apoiada por um processo e uma entidade organizacional para assegurar uma vantagem competitiva (2005). Como descrito, este processo de auto-selecção e organização para a entrega do conhecimento apropriado está agora a acontecer dentro de redes externas globais , que são incontroláveis pelas empresas.

A maior preocupação na RBV está centrada na capacidade da empresa de manter uma combinação de recursos que não pode ser possuída ou acumulada de forma semelhante pelos concorrentes. As formas como uma empresa pode criar uma barreira à imitação são conhecidas como "mecanismos de isolamento" e reflectem-se nos aspectos da cultura empresarial, capacidades de gestão, assimetrias de informação e direitos de propriedade (Hooley e Greenlay 2005, p.96, Inverno 2003,p. 992). Este ponto mostra a limitação da RBV no paradigma emergente da inovação aberta (ou seja, licenciar patentes internas, contratar conhecimentos e competências externas) e surge uma crítica contra um modelo que chama as empresas a cuidar e proteger os seus recursos.

Há que perceber que o panorama actual é diferente, pois os monopólios de conhecimento industrial das empresas estão em rápida ruptura; a ciência e a tecnologia evoluem agora a tal velocidade que mesmo as maiores empresas já não podem esperar controlar todos os seus recursos. A vantagem de ser o primeiro motor está activa nas transições tecnológicas evolutivas onde as inovações tecnológicas se baseiam em desenvolvimentos anteriores (Kim e Park 2006, p, 45, Cottam et al 2001, p. 142). Os mesmos autores argumentam ainda que as mudanças tecnológicas revolucionárias (mudanças que perturbam significativamente a tecnologia existente) eliminarão a vantagem dos primeiros participantes. Tais escritos elaboram que, embora os primeiros participantes desfrutem de certos recursos em virtude dos períodos de tempo perdidos nos mercados, ambientes tecnológicos em rápida mudança podem tornar esses recursos obsoletos e reduzir o domínio da empresa. Por outras palavras, inovadores

technological implications will significantly change the landscape of the industry and the market, making early mover's advantage minimum. However, in a market where technology does not play a dynamic role, early mover advantage may still prevail. However, the existing resources of a firm may not be adequate to facilitate the future market requirement due to volatility of the contemporary markets. Any industry or market reflects high uncertainty and in order to survive and stay ahead of competition new resources becomes highly necessary. Morgan (2000 cited by Finney et al.2004, p.1722) concorda em afirmar que, a necessidade de actualizar os recursos é uma tarefa de gestão, uma vez que todos os ambientes empresariais reflectem condições de mercado e ambientais altamente imprevisíveis. As ideias parecem fornecer respostas adequadas a esta necessidade. As empresas devem repensar o modelo de invenção e erigir um novo modelo baseado na troca fluida de ideias e capital humano. As empresas inteligentes tratarão o mundo como o seu departamento de I&D e utilizarão ideágoras para procurar ideias, inovações e mentes qualificadas de forma única numa base global.

4.3 A aprendizagem precoce das Ideagoras

Se o lado positivo é que há um enorme espaço para os mercados de inovação crescerem, o lado negativo é que a *"liquidez" nas* ideágoras *nascentes* ainda é tipicamente pobre. Por outras palavras, sendo esta realidade no início do seu ciclo de vida, há muito poucos compradores e vendedores, e portanto muito poucas transacções hoje em dia para tornar o mercado vibrante. Ao contrário do eBay, onde os bens são trocados por dinheiro, as transacções nos mercados de tecnologia e de ideias tendem a ser mais complicadas. Pense nos riscos antigos e sempre presentes envolvidos na divulgação pública de uma tecnologia não patenteada mas comercialmente explorável e nas implicações legais em termos de direitos de propriedade intelectual. Esta questão, que mereceria uma análise abrangente, esconde uma controvérsia substancial. Por um lado, de facto, "tornar pública uma ideia não patenteada" ainda é considerado extremamente arriscado em certos ambientes, pela potencial perda de direitos de PI e receitas; por outro lado, o movimento nascente do Open Source adoptou o princípio contrário da livre circulação de ideias, tornando-a uma prática generalizada. A investigação futura, portanto, deve concentrar-se na resolução deste delicado compromisso. Ainda vemos um arquipélago, formado por ilhas de inovação, muitas vezes marcadas pelo conflito.

O resultado é que há muito mais na transferência de ideias e tecnologias do que na troca de documentos legais. A menos que se esteja a falar de conhecimentos científicos genéricos ou de tecnologias facilmente compreendidas ou codificadas, pode haver custos substanciais envolvidos na internalização e operacionalização do conhecimento externo. Em tais casos, a transferência de tecnologia pode ser tão cara e demorada como a I&D interna independente. Para além de fornecer uma plataforma comum para transacções, intermediários em linha como yet2.com e InnoCentive desempenham um papel importante na intermediação de transacções e ajudam a aumentar a liquidez. Redes de capital humano flexíveis e distribuídas, como a Innocentive, facilitarão no futuro a execução de projectos com equipas ad hoc que convergem temporariamente numa rede virtual para reunir os activos intelectuais, financeiros e físicos necessários para trazer produtos e serviços para o mercado. Quando isso acontece, podemos dificilmente reconhecer qualquer forma empresarial que surja para facilitar este tipo de capitalismo efémero.

4.4 Tempo livre e comoditização do capital intelectual.

Existem sistemas de valor que não são, ou são adicionais ao dinheiro, que são muito importantes para as pessoas: conectar-se com outras pessoas, partilhar interesses comuns, criar uma identidade social em linha, expressar-se e, não menos importante, divertir-se. A cultura da generosidade é, na maioria dos casos, a espinha dorsal da Web 2.0. As pessoas, motivadas por recompensas não monetárias, gastam o seu tempo livre em redes sociais, conduzindo muita inovação potencialmente explorável para entidades de orientação comercial. Confiando nestas evidências, surgem considerações específicas para o mundo empresarial: será que as manobras multimilionárias da Internet, tais como Google[35] , Facebook, Second Life e outras realidades emergentes, serão capazes de preservar o espírito de generosidade que tem sustentado esta corrida de inovação de

---

[35] **Google**, entre os muitos serviços oferecidos e aplicações disponíveis, lançou recentemente um serviço de mensagens instantâneas 3D semelhante ao Second Life.

espírito livre? Ou irão de facto pisar este ecossistema enquanto os grandes actores da Internet se consolidam numa corrida para as aquisições de plataformas sociais, levando perigosamente as comunidades de indivíduos a perder a confiança da mesma forma que os investidores perderam em 2000 a explosão da bolha dotcom? De facto, enquanto a cultura de auto-expressão e de ligação social contribuiu definitivamente para a popularidade de sites de redes sociais como flickr[36] ou del.ciou.us[37] , os seus fundadores venderam-nos a grandes jogadores como negócios de milhões de dólares. Poderá esta cultura de generosidade ser pouco mais do que uma cortina de fumo sobre o que, em última análise, equivale a um fenómeno de exploração? Em última análise, perguntamo-nos se esta cultura de participação estará aparentemente a ajudar a construir negócios nas nossas costas colectivas: se etiquetarmos, marcarmos, partilharmos ou conversarmos e ajudarmos em última análise o del.icio.us ou o Digg[38] a tornarem-se melhores entidades comerciais, não estaremos, aparentemente, a mercantilizar os nossos bens mais valiosos - tempo e capital intelectual? A resposta parece ser positiva e, desta forma, tornámo-nos na realidade a mão-de-obra subcontratada, embora ainda não esteja claro o que é uma compensação justa pelos nossos esforços. Embora possamos (ou não) ganhar alguma coisa, os nossos esforços colectivos vão aumentar o valor económico destas entidades.

De momento, os modelos de negócio não estão a acompanhar a velocidade da inovação

---

[36] *Flickr* é um site de hospedagem de imagem e vídeo, e uma plataforma de comunidade online. É popular entre os utilizadores por partilhar fotografias pessoais. Em Março de 2005, Yahoo! adquiriu o Flickr por um valor estimado de 30 milhões de dólares. Fonte: http://en.wikipedia.org/wiki/Flickr .

[37] *Del.icio.us* é um serviço de rede de social bookmarking para armazenamento, partilha, e descoberta de web bookmarks. O site foi fundado em 2003 e adquirido pelo Yahoo! em 2005. Vários palpites sugerem que foi vendido por algo entre 15 milhões e 30 milhões de dólares. Tem mais de cinco milhões de utilizadores e 150 milhões de URLs marcadas. Del.icio.us utiliza um sistema de classificação não hierárquico no qual os utilizadores podem etiquetar cada um dos seus bookmarks com termos de índice livremente escolhidos (gerando uma espécie de folksonomia). Fonte: http://en.wikipedia.org/wiki/Delicious_(website).

[38] *Digg* é um site de notícias sociais feito para as pessoas descobrirem e partilharem conteúdos de qualquer lugar na Internet, através da submissão de ligações e histórias, e votando e comentando as ligações e histórias submetidas. As histórias de votação para cima e para baixo é a função fundamental do sítio, respectivamente chamada escavação *e* enterramento. Muitas histórias são submetidas todos os dias, mas apenas as histórias mais *"Dugg"* aparecem na página principal. A popularidade do Digg levou à criação de outros sites de redes sociais com sistemas de submissão de histórias e votação. Fonte: http:**//en.wikipedia.org/wiki/Digg.**

e não têm fornecido soluções acessíveis. De facto, mesmo que os empíricos tenham demonstrado a falta de quaisquer expectativas monetárias do seu envolvimento em redes sociais, não há nenhuma razão em contrário que os melhores fotógrafos, taggers ou prosumers de comunidades sociais não possam partilhar das recompensas criadas pelo seu trabalho, e isto é de facto verdade por duas razões principais. Em primeiro lugar porque actuam como marcadores, partilhando fotografias e actividades de produção de conteúdos semelhantes, todos têm benefícios privados, mas também criam benefícios colectivos. Estes benefícios colectivos produzem uma experiência Web mais rica e aumentam a sabedoria das multidões. Então, a quem pertence essa sabedoria recolhida pela multidão? Na nossa opinião, a multidão tem. Em segundo lugar, porque grandes jogadores como o Google, Microsoft ou Yahoo - que estão a comprar a grande maioria das aplicações sociais emergentes que aparecem com o tempo online - podem continuar a fazê-lo, se continuarem a ter a confiança da multidão. Pensemos nisso, as comunidades são tão valiosas como uma cidade fantasma sem o conteúdo pro-sumed dos seus membros. Os jogadores em linha dominantes, portanto, terão de ter o cuidado de não violar as normas e a confiança da comunidade. Pensamos que os vencedores nesta evolução serão empresas que possam criar os quadros de incentivos mais abrangentes para recompensar adequadamente todas as partes interessadas. E aqueles jogadores que se esforçam demasiado para controlar essa sabedoria, para limitar a sua utilização e a sua partilha, arriscam-se a afastar a multidão que cria este valor. A capacitação do cliente, não o controlo, é a resposta na economia digital. À medida que a nova Web evolui, estas plataformas de participação tornar-se-ão a arena competitiva para as propriedades online de topo. Há uma variedade de formas de competir neste ambiente e as abordagens abertas à inovação não têm de ser dadas por garantidas e sinónimas de gratuidade.

4.5 Uma mudança necessária da personalização para o modelo de prosumption

"Temos um parceiro neste negócio e esse parceiro é a comunidade de utilizadores".

eBay CEO, Meg Whitman.

A abordagem firme tradicional, na sua essência, soou como: *"Nós - empresas - estabelecemos os parâmetros dizendo-lhe -consumidor - quando e em que produtos inovar. Dar-nos-ão as vossas ideias gratuitamente, mas nós escolheremos o melhor deles e manteremos todas as recompensas e a PI'. paradigma centrado que* This old paradigm doesn't stand anymore as potential customers - participating into knowledge networks - are realizing its limits and have started to act differently, in a "prosumptive" way. Customers don't care whether their activities make companies more money or if they are dedicating their time for free: in the emerging usereles apenas querem uma experiência superior, um papel genuíno na concepção dos produtos do futuro. Eles já o fazem nos seus próprios termos, nas suas próprias redes e para os seus próprios fins. E, como todas as outras facetas das suas vidas, querem-no na conversa. Os produtos da empresa que não permitem tal dinâmica e deixam o consumidor à parte estão destinados ao fracasso.

Nesta perspectiva, as empresas são chamadas a redesenhar todo o conteúdo em termos de uma conversa comunitária e não de um monólogo corporativo. Se esperam estar presentes nos seus próprios mercados, terão de encontrar formas de aderir e liderar comunidades de prosumidores. E depois de ganharem alguma experiência, as empresas perceberão que o verdadeiro negócio não é criar produtos acabados mas sim ecossistemas de inovação, e isso sem prejuízo dos seus lucros comerciais. As empresas de produtos de consumo têm apenas de encontrar formas inovadoras e novas soluções para rentabilizar esses ecossistemas liderados pelos clientes.

E pense nas possibilidades que lhe são oferecidas como indívíduos. Já não é apenas um destinatário passivo de produtos e serviços. Pode participar na economia como um valor igual e co-criador com os seus pares e empresas favoritas para satisfazer as suas necessidades muito pessoais, para se envolver na realização de comunidades, para espalhar o seu talento e conhecimento em torno da melhoria da eficiência do mercado (anulando info-asymmetries) ou apenas para se divertir.

5. CONCLUSÕES

Destacam-se alguns pontos da nossa discussão.

As plataformas de participação representam um novo mundo excitante que encarna todos os princípios wikinómicos - abertura, peering, partilha e actuação global - e permitem a um número crescente de indivíduos agir como agentes livres. Neste contexto, a prosumpção está a assumir a liderança como um dos mais poderosos motores de mudança e inovação que o mundo empresarial poderia esperar. A co-criação com os clientes é como a exploração da reserva mais qualificada de capital intelectual livre alguma vez reunida, um reservatório de talentos que é entusiasta e entusiasta da criação de um grande produto ou serviço, ou apenas uma experiência divertida.

A sabedoria convencional há muito que afirma que a abertura dos limites da empresa anula a vantagem competitiva. Mas num ecossistema onde a inovação é rápida, fluida e distribuída entre redes, a sabedoria convencional está a ser desafiada. De facto, a descentralização radical e a abertura criam ambientes complicados e a entrega das chaves da empresa aos recursos mais preciosos soa como a assinatura de um acordo com o mundo externo sem certas garantias e retornos quantificáveis de volta: isso é um anátema para os negócios. Embora os primeiros exemplos sejam mais evidentes na Web e provem que existem vantagens consideráveis a serem obtidas através da exploração dos efeitos de rede, o think-thank empresarial, sobretudo na economia real, ainda é relutante.

É uma regra: sempre que se defende uma mudança no status quo, as pessoas saltam imediatamente para as conclusões mais negativas. Todas as aplicações da nova tecnologia passam por um processo evolutivo em que um período de experimentação precoce dá lugar a trepidações, antes de os novos princípios serem completamente aceites. As tecnologias de informação estão presentes há mais de uma década. Um cínico pode chamar-lhe desprezo pela inteligência colectiva dos consumidores. E em alguns casos, o cínico pode estar certo. Mas na maioria dos casos, o ritmo de mudança esclerótico reflecte a inércia cultural das instituições estabelecidas mergulhadas na tradição.

Companies with the most open approach will have the best chance of harnessing this enormous wealth of talent that all of those free agents can offer. It's like adding an army of R&D professionals, except they needn't add them to their payroll. Success will lie in choosing the right parameters of openness, without destroying the characteristics of the system that make it innovative. This means building a loyal base of innovators that make the system stronger and more dynamic than one of rivalry in creating new value for customers. To achieve this, organization - regardless of sector or line of business - needs to identify and open up platforms to enable mass collaboration. And once the platform for collaboration gains traction, there is less and less incentive for people to abandon it. In fact, the mechanism is selfreforço: mais prosumers criam melhores produtos e experiências; melhores produtos atraem mais clientes; e à medida que o ciclo continua, cria uma sucessão dinâmica de cocriação, inovação e crescimento. As plataformas de participação, porém, só continuarão viáveis enquanto todos os interessados forem adequada e adequadamente compensados pelas suas contribuições - as empresas são avisadas, não podem esperar andar à solta para sempre.

Despite this promising flurry of open activity, though, there are still far too many companies that see calls to further open up infrastructures for communication and collaboration, to enlarge the public domain or to create a more balanced intellectual property system as inimical to economic prosperity. These are open book-length topics and it's hard to make justice here. But the way we manage intellectual property affects everything we have discussed, so it's worth reflecting on the topic. Of course, as business people we must recognize that rewarding creativity and investment is central to promoting innovation. In theory, intellectual property law exists to do just that. But expansion in the law's breadth, scope and term over the last thirty years has resulted in an intellectual property regime that is radically out with modern technological, economic and social realities. In today's economy we need an intellectual property system that rewards invention and encourages openness — one that fuels private enterprise and sustains the public domain. Finding the right balance between the public foundation and private enterprise is key to longcompetitividade a prazo das economias e cada empresa tem de chegar ao seu próprio conjunto de conclusões sobre o ponto de equilíbrio adequado. Este é um enorme desafio aberto ao qual as empresas são chamadas a agir.

As limitações na discussão residem no facto de a tese não ter dado provas do quadro legal existente em matéria de propriedade intelectual. Isto teria exigido uma base apropriada de conhecimentos, linguagem e termos aos quais não estamos familiarizados. Em termos empíricos, dada a disponibilidade limitada de recursos e as dificuldades em definir toda a população, o estudo tem sido limitado a uma comunidade específica, não permitindo assim alargar os resultados. Existe de facto um problema de números que alimenta o impulso que a web 2.0 continua a reunir. A população, de facto, é alimentada por números inflacionados com milhões de contas mortas ou inactivas. Mesmo que criemos um perfil MySpace ou uma conta no Twitter e depois desistamos deles, as contas alimentam os números que alimentam o hype que alimenta as pessoas. Pode ser ou um ciclo vicioso ou virtuoso, dependendo das perspectivas adoptadas, mas sem dúvida que torna o cálculo bastante complicado.

A privacidade dos utilizadores é outra questão importante que merece uma extensa discussão e isto foi aqui fora do âmbito. De facto, as suas implicações para o futuro devem ser cuidadosamente consideradas.

Para concluir, uma última consideração: devemos manter a nossa investigação estritamente reservada, dado o enorme esforço intelectual e o tempo dedicado ou deixá-la abertamente consultável como base para a investigação futura? A questão está de acordo com os tópicos discutidos e considerações bastante opostas poderiam surgir se optarmos por adoptar uma perspectiva de inovação aberta da ciência ou princípios proteccionistas firmes. Optamos pela primeira causa e aqui reside o verdadeiro sentido desta investigação!

6. BIBLIOGRAFIA

Anderson C., (2006). *A longa cauda: Porque é que o futuro dos negócios é vender menos de mais.* Hyperion. EUA

Beerli A.J., Falk S., e Diemers D., (2003). *Gestão do conhecimento e ambientes em rede: Alavancar o capital intelectual em comunidades empresariais virtuais.*
Amacom. EUA

Tapscott D., e Williams A.D. (2008). *Wikinomics: como a colaboração em massa muda tudo.* Edição expandida publicada por Portfolio. Penguin Group Inc. (2008). EUA

Goldman R., e Gabriel R. P. (2005). *A inovação acontece noutro lugar: O código aberto como estratégia empresarial.* Morgan Kaufamann Publishers . Elsevier Inc. EUA

Fershtman C., e Gandal N. (2008). *Micro-estrutura da colaboração: A "rede social" do Software de Código Aberto.* Documento de Discussão nº 6789, Centre for Economic Policy Research

Tortoriello M. (2005) *The social underpinnings of absorptive capacity: external knowledge, social networks and individual innovativeness.* Documento de trabalho. Tepper School of Business Carnegie Mellon University. EUA

Parker S.C. (2008). *A economia das redes comerciais formais.* Documento de trabalho. Journal of Business venturing. Durham Business School, Durham DH1 3LB, Reino Unido.

Olho D. (2007). *Dinâmica de colaboração e inovação distribuída na Internet: o caso do Second Life.* Documento de trabalho. Universidade de Bocconi, Milão.

Brighenti M. (2007). *O uso de comunidades virtuais de terceiros: O caso da segunda vida.* Documento de trabalho. Universidade de Bocconi, Milão.

7. LINKOGRAFIA http://wikipreneurship.wordpress.com

http://research.google.com/video.html

http://www.time.com/time/

http://www.roughtype.com/

http://wikipedia.org

http://longtail.com/

http://www.whiteboarddiaries.com/

http://slideshare.net

http://vitadigitale.corriere.it/

http://slashdot.org/

http://www.surveymonkey.com

Buy your books fast and straightforward online - at one of world's fastest growing online book stores! Environmentally sound due to Print-on-Demand technologies.

Buy your books online at
www.morebooks.shop

Compre os seus livros mais rápido e diretamente na internet, em uma das livrarias on-line com o maior crescimento no mundo! Produção que protege o meio ambiente através das tecnologias de impressão sob demanda.

Compre os seus livros on-line em
www.morebooks.shop

KS OmniScriptum Publishing
Brivibas gatve 197
LV-1039 Riga, Latvia
Telefax: +371 686 204 55

info@omniscriptum.com
www.omniscriptum.com

Printed by Books on Demand GmbH, Norderstedt / Germany